京大人文研東方学叢書 9

ある地方官吏の生涯

木簡が語る中国古代人の日常生活

宮宅　潔　著

臨川書店

はじめに

簡牘史料と古代の生活史

近年、中国では古代の簡牘史料が大量に発見されつつある。「簡牘《かんとく》」という言葉はやや聞き慣れないかもしれないが、「簡」とは書写材料として使用された竹の札、「牘」は木の札のことをいう。従って、日本でよく使われる「木簡」という語は、「木でできた竹の札」という意味になり、漢字の原義からするとすこしおかしな言葉である。しかし日本人に馴染みがあるのは「簡牘」より「木簡」の方だろうから、本書の副題にはしばらくこちらを用いた。ともあれ、あるときは役所の遺跡から、またあるときは地方官吏のお墓から、住民の戸籍情報を記した木の札や、法律条文の書かれた竹の札が続々と出土しており、古代史の研究に大きなインパクトを与えているのである。

従来の古代史研究は典籍史料、たとえば『史記』や『漢書』といった歴史書に拠って行われてきたが、その分量にはやはり限りがあった。出土文字史料の発見は、研究に活用できる史料の分量を増大させたという点で、もちろん大きな意味を持つ。とはいえ、変化したのは分量だけではない。むしろ「インパクト」のより重要な根源となっているのは、史料の質の変化である。

『史記』『漢書』などの歴史書には、もちろん庶民も時おり姿を見せる。だが、やはり主役となるのは歴史に名を残した著名人たちである。彼らが何を言い、どう行動し、どのような人生を送ったのかについては、歴史書からある程度くわしく知ることができる。だがそれは、貴族にせよ武人にせよ、思想家にせよ文学者にせよ、いずれも傑出した人物たちの人生である。それ以外の、古代社会を構成していた多くの、ごく「普通」の人たち、市井に生きる名もない人間の生涯については、それを知ろうにもほとんど手がかりがなかった。そうした、従来は知りようのなかった基層社会の現実を、出土文字史料はきわめて雄弁に、いきいきと物語ってくれる。

たとえば簡牘史料のなかには多くの法律条文が含まれる。当時の人々が君主によってどのように管理され、どのように行動することが求められていたのか、これによってうかがい知ることができる。子供が生まれたらどんな手続きが必要だったのか。税金の負担はどの程度なのか。親の死後にその財産はどうやって相続されたのか。その答えは、いずれも法律条文に記されている。

もちろん、法律とはあくまで、あるべき制度の概要と、それによって実現されるべき「理想の社会」の姿とを示しているに過ぎない。実際の社会はもっと複雑で、法律のとおりにゆかないことのほうが、むしろずっと多かったに違いない。だが当時の法律が、まったく現実とかけ離れていたわけでもあるまい。そこにはある程度、現実社会の姿が反映されていたはずである。

また、法律文書とともに出土している文字史料に、裁判記録の類がある。これには判例として参照されたものもあれば、裁判文書を作成する際の書式見本だったものもある。その多くが実際に起こった事件を下敷きにしていたに相違なく、生々しい怒りであったり、ドロドロとした欲望であったり、とにかく当時の一般庶民の確かな息づかいをそこに感じ取ることができる。

さらに、古代人の生活史を知るうえで欠かせないのは、いわゆる「日書《にっしょ》」、つまり占いの書である。これも現在、少なからぬ分量の史料が出土している。結婚・出産といった人生の節目で、古代人がいったい何を気にかけ、いかに行動したのか、それらのテキストはわれわれに教えてくれる。

本書は、これらの簡牘史料を用いつつ、中国古代人の日常生活を紹介しようとするものである。ただし、さまざまな階層や職業の人間を幅広く取り上げるのではない。特に一人の主人公を設け、彼の生涯を一つの軸として、生まれてから死に至るまでの古代人の生活をたどってゆくことにする。その主人公は、名前を「喜」という。姓は分からない。

本書の主人公

喜は紀元前二六二年の十二月生まれだから、ちょうど秦王政、つまり秦の始皇帝と同時代を生きた人物である。秦王政が即位した年に、彼は数えの十七歳だった。時は戦国時代の最末期で、秦の東方にはなお六つの大国（「六国《りっこく》」）、すなわち燕・趙・斉・魏・韓・楚が健在で、互いに攻撃しあっていた。だが喜が四十二歳になった頃、始皇帝がこれら六国を滅ぼし、ここに巨大な秦帝国が出現する。

喜は若いうちに文字の読み書きを習得する機会に恵まれたようで、十九歳で書記官の資格を取得し、故郷の南郡安陸県（現在の湖北省雲夢県）の書記官となった。その後も地方官吏としてのキャリアを重ねる一方で、結婚して子供をもうけ、秦の征服戦争にも二度従軍した。没年は定かでないが、前二一七年（始皇三〇）ごろに他界したと考えられている。もしそうであるなら、喜は七年後に起こる始皇帝の死（前

図1　「編年記」（部分）

二一〇）も知らなければ、さらにはそれに続く戦乱を経験することもなく、地下で安らかな眠りについたことになる。

それから二二〇〇年ほど後、湖北省雲夢県の睡虎地《すいこち》というところで、排水溝の工事を行っていた作業員が秦代の墓葬群を掘り当てた。一九七五年十一月のことである。このとき発見された十二座の墓葬のうち、一一号墓と名付けられた墓からは大量の竹簡が出土した。発掘地にちなんで、「睡虎地秦簡」と呼ばれる史料群である。そのなかには法律史料や日書とともに、「編年記」（**図1**）と呼ばれるテキストが含まれる。これは全部で五十三本の竹簡からなり、前三〇六年から前二一七年まで、計九十年間をカバーする年表の一種である。そこには秦で起こった大事件とともに、墓の主であろう「喜」という人物の、個人の歴史が書き込まれていた。右に述べたのは、そこに記された喜の生涯の概略である。秦国の大事件の方は省略し、彼の生涯に関わる部分だけを改めて抜き出すと、次のようになる。

昭襄《しょうじょう》王四五年（前二六二）：誕生。
〃　四七年（前二六〇）：兄弟（名前は「敢」）が生まれる。（三歳）
〃　五六年（前二五一）：兄弟（「速」）が生まれる。（十二歳）
始皇　元年（前二四六）：成人として登録される。（十七歳）
〃　三年（前二四四）：書記官の資格を得る。（十九歳）
〃　四年（前二四三）：安陸県の書記官となる。（二十歳）
〃　六年（前二四一）：安陸県の「令史」に昇進する。（二十二歳）
〃　七年（前二四〇）：鄢《えん》県の令史に転任する。（二十三歳）
〃　一一年（前二三六）：子供（名前は「獲」）を授かる。（二十七歳）
〃　一二年（前二三五）：鄢県で裁判の仕事に就く。（二十八歳）
〃　一三年（前二三四）：最初の従軍を経験する。（二十九歳）
〃　一五年（前二三二）：二度目の従軍を経験する。（三十一歳）
〃　一六年（前二三一）：父が他界する。年齢を申告する。（三十二歳）
〃　一八年（前二二九）：子供（「恢」）を授かる。（三十四歳）
〃　二〇年（前二二七）：母が他界する。（三十六歳）

始皇　二七年（前二二〇）：子供（「穿耳」）を授かる。（四十三歳）
〃　二八年（前二一九）：始皇帝が巡幸して安陸県を通過する。（四十四歳）
〃　三〇年（前二一七）：「編年記」の最終欄＝喜の死去？（四十六歳）

直接知りうるのは、たったのこれだけである。特に三十代以降の人生については、秦が他の諸侯国を次々と滅ぼし、秦王政が「始皇帝」となり、数々の統一政策を行った激動の時代であるにもかかわらず、よく分からない。だが現時点で、秦代に末端の地方官吏として、市井の人々とともに生きていた人物の、公私の両面を含む生涯の記録は、この史料の他にはなおも存在しない。その意味で、編年記はたいへん貴重な史料となっている。

睡虎地秦墓の概要

睡虎地一一号墓は竪穴土坑墓、すなわち四角い竪穴を掘りくぼめたうえで、その底部に棺桶を安置した形式の墓であり、これはその周辺で発見された秦墓も同様である（**図2**）。墓坑の底部は三・八×二・七二メートルで、そこに置かれた棺桶は二重になっており、外側（「槨《かく》」）が三・五二×一・七二メートル、内側（「棺《かん》」）は二×〇・七六メートルという大きさである。棺と槨の間の、墓主の頭がくる方には、仕切りを立てて副葬品を収めるスペース（「頭廂《とうしょう》」）が設けられており、漆塗りの箱や杯、銅器や陶器など、さまざまな品が収められていた（**図3－1**）。湖北省一帯で発見されている大貴族の墓と比べれば当然ながら見劣りするものの、喜の暮らしぶりに十分な余裕のあったことが、こうした副葬品の豊かさからうかがえる。また、同時に出土した木製の馬車模型や銅剣、さらに毛筆や銅削（間違えた文字を簡牘から削り取るためのナイフ）は、喜が書記官として役人の地位にあったことを、文字史料とはまた別のかたちで雄弁に物語っている。

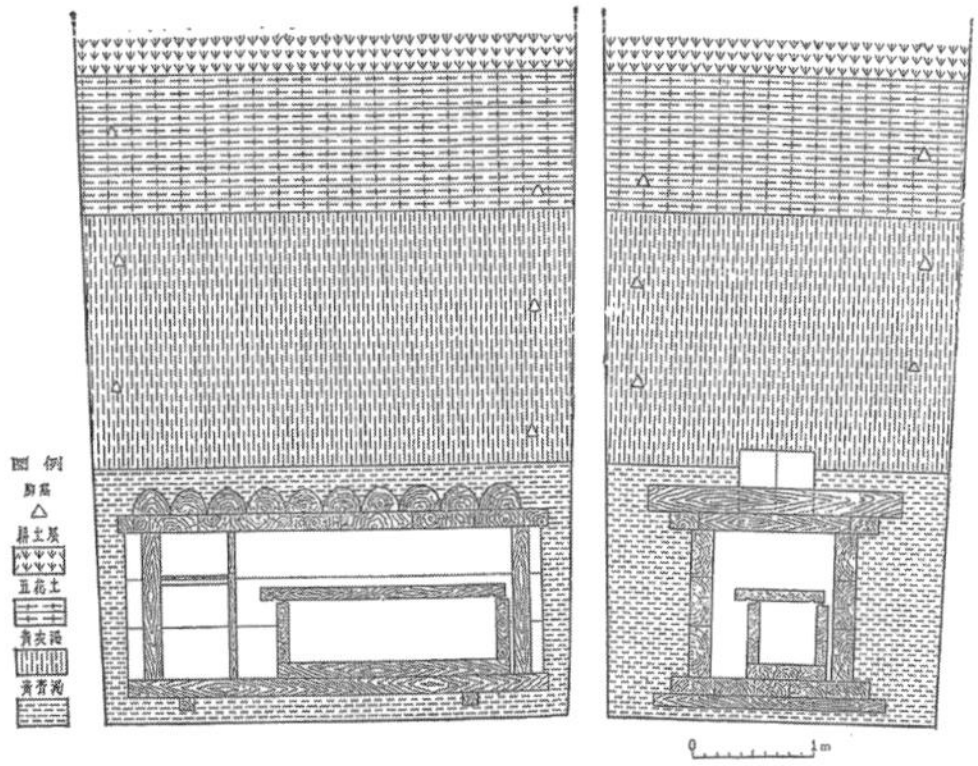

図2　睡虎地11号秦墓側面図

一一号墓の竹簡は、頭廂ではなく棺内から、喜の亡骸を包み込むようにして見つかった（**図3―2**）。すでに紹介した編年記のほか、一一号墓出土簡の内訳は次のとおり。

・秦律十八種：全一〇八条からなる律の条文集。条文ごとに「田律」「廏苑《きゅうえん》律」といった律名が記され、全部で十八種の律名が見える。
・「効」律：官有物資の数量チェックに関わる法律条文集。全二十二条。
・秦律雑抄：秦律十八種とはスタイルを異にする、もう一つの律文集。「除吏律」「捕盗律」など全二十七条。
・法律答問：問答形式の法律注釈書。法律用語の意味や先例／慣行について解説する。全二一〇簡。
・「封診式」：裁判に関連して作成される文書の書式集。全

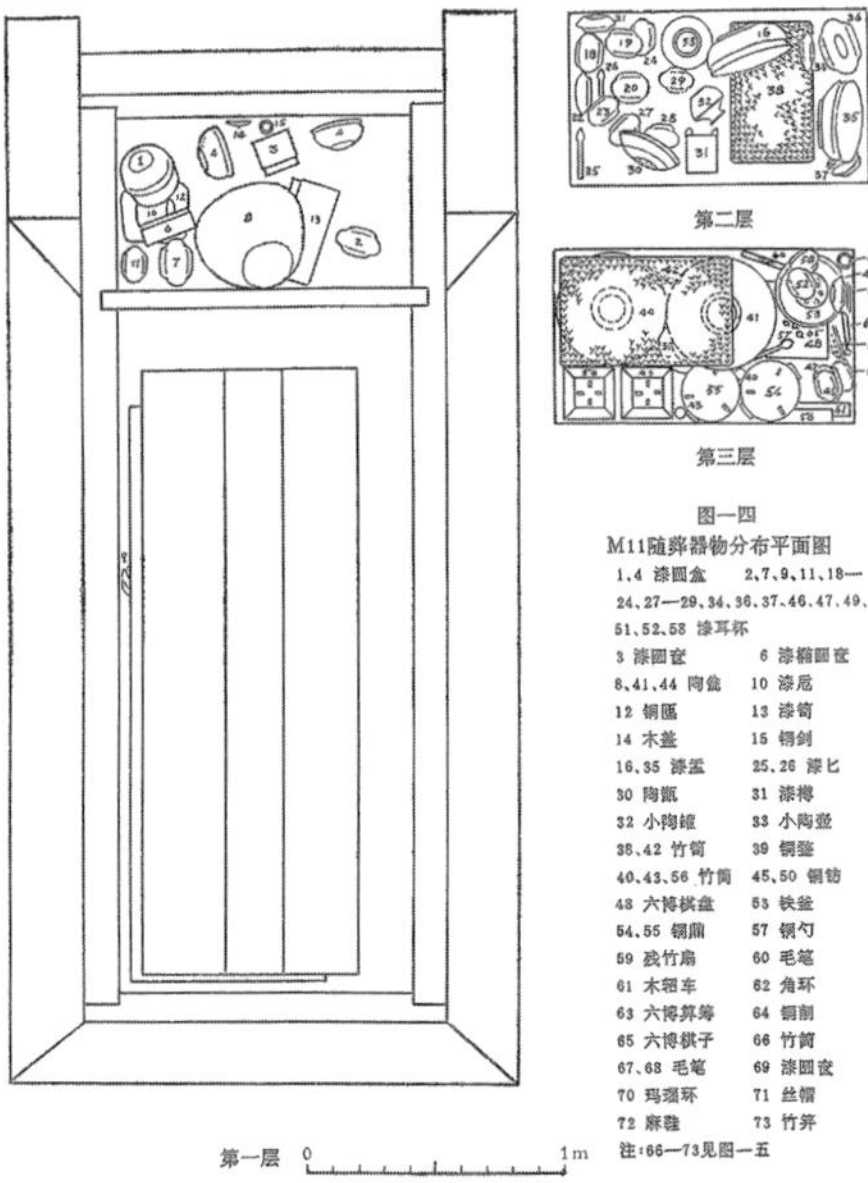

図 3-1　睡虎地 11 号墓　棺槨平面図

図 3-2　棺内の出土状況

九十八簡、二十五章。うち二章は取調に際しての心得を説いたもので、残りが文書の書式になる。

・「日書」：甲種（一六六簡）と乙種（二五九簡）に分かれる。択日《たくじつ》（特定の行事にふさわしい吉日を選ぶ占い）を中心とした、さまざまな占いや呪術の方法を記録したもの。

このほかに、始皇二〇年（前二二七）の紀年を持つ、南郡の長官が配下の県・道に下した命令書（「語書」）や、官吏の心得を説いたテキスト（「為吏之道」）も一一号墓から出土している。これらはいずれも、喜自身が手に取り、目を通したテキストであるに違いない。

一一号墓の周辺では、四号墓からも簡牘が発見されている。これは楚を征服する戦争に従軍していた二人の兄弟が、故郷の母と兄に宛てた手紙である（第七章参照）。日付と対楚戦争の展開から始皇二四年か二五年のものと推測されるので、喜と同時代の史料といえる。四号墓からは墨と硯も出土している（八四頁図13参照）。この墓の主も、識字力を備えていたに違いない。

喜の生い立ち

さらに九号墓からは、一一号墓と同様に木製の馬車模型が出土しており、この墓の主も官吏だったのではないかと推測されている。また、九号墓や一一号墓には及ばないものの、すべての墓に当時は高級品の漆器が副葬されており、そのなかには「咸市」と書かれた焼き印の押されたもの、すなわち秦の都である咸陽《かんよう》からはるばる流通してきた品も含まれる。睡虎地の秦墓群は、地方の名望家に属する一族の、親戚・縁者が埋葬された墓葬区にあったと思われる。

では、この一族は何時ごろからこの地に暮らしていたのか。これについては研究者の意見が分かれている。ある者は、喜の一族は秦の国にルーツを持つ人たちで、秦が長江中流域に侵攻し、その地にあった楚国の勢力を駆逐して、新たに秦の「南郡」を設置した昭襄王二九年（前二七八）以降、この新占領地に移住してきたのだという。その証拠となるのが睡虎地秦墓群の埋葬方式や副葬品の内容である。楚の国にもともとあった埋葬方式では、被葬者の頭を南か東に向けて埋葬し、副葬品には祭祀に用いる青

図4　楚墓出土の倣銅陶礼器（陶鼎（左）と陶敦（右）。いずれも江陵望山1号墓出土。）

図5　睡虎地出土の銅蒜頭壺（左）と漆扁壺（右、いずれも9号墓出土。）

銅器を模した陶器（倣銅陶《ほうどうとう》礼器《れいき》、**図4**）を選び、同時に鎮墓獣や武器を埋めるのが一般であった。これに対し、秦では頭向は北ないし西で、副葬品にはむしろ日常用器を選ぶ。この基準に照らすなら、睡虎地秦墓の頭向はほとんどが西で、倣銅陶礼器や鎮墓獣の副葬は見られないので、明らかに秦系の墓葬であるといえる。また、秦文化に属するものとされる蒜頭壺《さんとうこ》や扁壺《へんこ》（**図5**）が副葬品として出土しており、この点においても秦墓の特徴を備えている。

秦は新しい領土を獲得すると、そこに自国の人材を投入した。南郡については詳細が分からないが、さらに南方の、洞庭郡遷陵県（現在の湖南省龍山県里耶《りや》鎮）の状況については、事細かに知ることができる。この地を秦が占領した後に設置された遷陵県の役所の跡から、大量の簡牘（里耶秦簡）が出土したからである。遷陵県は山深い僻地にあり、そもそも官吏となりうる人材に乏しかったのか、占領統治を支える官吏たちはいずれも洞庭郡の外の、秦による統治が比較的長い地域から赴任してきた者たちであった。

南郡と洞庭郡では事情が若干異なるかもしれないが、それでも少なからぬ秦人が安陸県にもやってきて、秦の統治を支えたことであろう。喜の一族も、そうした移住者の一員であった可能性は十分に考えられる。睡虎地七号墓の棺材には「(昭襄王)五十一年、曲陽の士伍、邦」と刻まれており、これが七号墓の墓主が下葬された年であるなら、占領から二十二年後に死んだ彼はさしずめ移民第一世代、喜はその孫の世代といったところであろう。

一方で、喜は先祖代々、安陸県に住んでいた楚人に違いない、という研究者もいる。そうした見方を支える手がかりの一つが、他でもない編年記の一節である。正確にいえば、ポイントとなるのは編年記に記された内容ではなく、そこに「あるべき記載がない」ことに因る。すなわち編年記の始皇二六年の欄、つまり始皇帝が東方の諸侯国をすべて滅ぼし、「天下」の統一を成し遂げた年の欄には、何も書かれていないのである。この点に「楚人」説を唱える研究者は注目する。統一が成し遂げられた記念すべき年であるにもかかわらず、その「大事件」が年表に書き込まれていないのは、いわば「無言の抵抗」なのであって、楚人である喜は秦に対して強い反感を抱いており、本来ならば記されるべき統一の事実を敢えて無視し、それにより反抗の意志を示したのだ、というわけである。

だが正直なところ、これはやや穿った解釈のように思われる。確かに始皇二六年、斉の国が秦の軍門に降り、秦と覇を争ってきた六国のすべてが秦によって占領された。その後の中国史を俯瞰できるわれわれは、「中国本土」の領域が固まってゆくうえで、このことが重要な画期となったことを知っている。だが当時の南郡の人々にとっては、あまり馴染みのない東方の国が滅びたというだけで、さほど興味の引かれる話ではなかったのかもしれない。いずれにせよ、喜が無言であったほんとうの理由は、誰にも突き止められないように思われる。

とはいえ、秦人説が正しいとも言い切れない。七号墓が作られた昭襄王五一年の時点でも、すでに占領からは二十二年が経過している。秦の埋葬文化が、すみやかに旧楚の人々に浸透していたという可能性もあるだろう。喜の一族が秦人なのか、はたまた楚人なのかという問題は、本書ではこれ以上穿鑿しないでおきたい。ともかく、占領から十六年が経過した南郡の地の、比較的富裕な一家の長子として、喜がこの世に生を享けたことだけを確かめて、本論に進むことにしたい。

史料について

以下、本論では喜の生涯に寄り添いながら、古代人の生から死に至るまでの日常生活を紹介していく。そのなかでは前述したような法律史料や占いの書が活用され、睡虎地秦簡も数多く登場する。だが睡虎地秦簡以外にも多くの出土文字史料があり、それらも一般庶民の日常生活を知るうえで、貴重な手がかりを提供してくれる。本書で利用する、睡虎地秦簡以外の主要な出土史料について、以下に概要を紹介しておく。

・岳麓《がくろく》書院蔵簡：二〇〇七年に湖南大学岳麓書院が香港で購入した盗掘簡。計二〇九八枚。盗掘されたものであるがゆえに、出土地点や出土状況は一切不明だが、内容からして秦代の史料であることは間違いない。法律条文集の他、「質日《しつじつ》（カレンダーに個人の行動記録を書き込んだもの）」や数学書、裁判記録集を含む。

・里耶秦簡：二〇〇二年、湖南省龍山県里耶鎮で秦代の役所跡が発掘され、その古井戸のなかから大量の木簡が見つかった。計三万八〇〇〇余枚。秦代の県（遷陵県）の役所で作成された行政文書や帳簿類から成る。

・張家山《ちょうかざん》漢簡：一九八三～八四年に湖北省江陵県張家山の二四七号漢墓から千本余りの竹簡が出土した。「二年律令《にねんりつりょう》」というタイトルの記された法律条文集や、「奏讞書《そうげつしょ》」と呼ばれる裁判記録集のほか、数学書や医学書（「脈書」「引書」）などが含まれる。「二年律令」の「二年」は呂后二年（前一八六）と推測され、前漢最初期の法律史料群である。

・馬王堆帛書《ばおうたいはくしょ》：一九七二年、湖南省長沙市の馬王堆で三基の漢墓の発掘が始まった。一号墓の墓主は長沙国丞相・軑侯利蒼《たいこうりそう》（在位：前一九四～前一八六）の妻で、二号墓は利蒼本人、三号墓はその息子のものと推定される。一号墓からは三一二枚の竹簡が出土し、その内容は副葬品のリスト（「遣策《けんさく》」）である。三号墓からは六〇〇枚を超える竹簡とともに、帛書が出土した。帛書には『周易』『老子』の他、「五十二病方」や「胎産書」といった医学書が含まれる。

本書では右に挙げた史料、さらには『史記』『漢書』をはじめとした典籍史料も活用する。従って、ここで紹介する「日常生活」の諸相は、喜の生きた秦代のみに限定されるものではなく、秦代から前漢初期、さらには前漢の終わり頃までの史料に拠って復原しうるものである。この点、書名といくぶん矛盾するようでもあるが、誤解のないよう、最初に申し添えておきたい。

なお、睡虎地秦簡を始めとした出土文字史料には、すでに少なからぬ日本語訳や注釈書がある。巻末「参考文献一覧」に挙げたそれらの書籍を、併せて参照していただければ幸いである。

第一章　人の誕生

卌五年、…十二月甲午鶏鳴時、喜産。（編年記45、第一欄）
昭襄王四五年（前二六二）…十二月甲午の鶏鳴時に、喜が生まれた。

第一節　出生の吉凶

出生日時の記録

紀元前二六二年の十二月、喜は誕生した。安陸県一帯が秦の支配下に入ってからすでに十六年が過ぎ、征服直後の殺伐とした雰囲気も、徐々に落ち着いてきていたことだろう。一方で、秦の東方への侵攻は止まることなく、当時の主戦場は楚の北にあった韓、さらには趙の国の領域だった。かつて楚を攻略した白起《はくき》将軍が、こんどは趙の軍勢を長平の地で打ち破り、投降してきた四十万もの兵を生き埋めにして殺してしまうのは、喜の誕生から二年後のことだった。

饒尚寛『春秋戦国秦漢朔閏表』によると、前二六二年の「十二月甲午」とは十二月十四日のことらしい。その後に続く「鶏鳴時」というのは時称である。だいたい午前一時から三時頃、いわゆる「丑の刻」にあたる時間帯だとされている（『春秋左氏伝』昭公五年　杜預注）。編年記には、他にも喜の兄弟や子供の出生が記録されているが、ほとんどが生まれた月を記すにとどまり、日時まで書かれているのは喜本人と、喜の第三子とおぼしい「穿耳」だけである。

子供が生まれた日付と時刻には、中国古代人にとって重要な意味があった。それによって子供の運勢が決まってくるのである。睡虎地秦簡の日書にも「生子」という項目があり、誕生日の干支ごとに、子供の将来が予言されている。

甲戌の日に子を生めば、食べるもの・飲むものに事欠き、生活に困る。乙亥の日に子を生めば、善い人生を送って富裕になる。丙子の日に子を生めば、それは不吉である。丁丑の日に子を生めば、おしゃべりになり、眼病をわずらう。…（日書甲種140－1～149－6）

ちなみに喜が生まれた甲午の日については、「武　力有り、少《わか》くして孤たり——腕っ節が強く、早くに父を亡くして孤児となる——」とある。実際のところ、喜の父親が他界するのは喜が三十二歳の時だから、幸いにこの予言は外れたことになる。

さて、右の「生子」では日付だけが問題になり、生まれた時刻は問われない。だが時刻が運勢を左右する場合もあったことは、他の出土史料からうかがえる。かなり時代は降るけれども、前漢末期の墓葬から見つかった簡牘に、次のような占い方法が記されている。

●刑徳行時　鶏鳴至蚤食　蚤食至日中　日中至餔時　餔時至日入　日中〈入〉至鶏鳴

甲乙	端	令	罰	刑	徳
丙丁	徳	端	令	罰	刑
戊己	刑	徳	端	令	罰
庚辛	罰	刑	徳	端	令
壬癸	令	罰	刑	徳	端

（尹湾漢簡　竹簡77～82）

「刑徳行時」というのがこの占いの名前である。右の引用部分は一種の表のようになっており、右端の縦軸に「鶏鳴から蚤食（午前九時頃）まで」といった具合に時間帯が書かれていて、上欄の横軸には「甲乙」から始まって「壬癸」に至るまで、十干が二つずつ記されている。特定の日の、特定の時間帯の運勢を知りたい者は、その日付の十干から下に、時刻から左へと表をたどってゆき、その交差するところが「端」「令」「罰」「刑」「徳」のいずれに当たるのかをまず見つけ出す。たとえば、喜が生まれたのは「甲」の日の「鶏鳴」だから、表のいちばん右上の「端」に該当することになる。そのうえで占いの続きを読むと、

「端」の時に人と面会して頼み事をすると、小吉。旅行に出かけると、善いことがある。収監されても、罪に問われることはない。病気になっても、死にはしない。子を生めば、大吉。（尹湾漢簡

竹簡83）などとあって、事の吉凶を知ることができるという仕組みになっている。同じ甲午の日に生まれた者であっても、この占いを用いるなら、生まれた時間帯によって運勢が違うことになる。喜の生まれた時刻までもが几帳面に記録されているのには、それ相応の理由があった。

古代人と占い

現在でも国によっては、占いで吉日を選び、その日にあわせて帝王切開で出産する者が少なくないと聞く。考えてみれば、われわれにも馴染み深い星座占いとて、生まれた時期により運勢が決まるという発想に拠っているのだから、生まれた日付と時刻とをきちんと記録しておいた中国古代人と同じような心性を、現代人もなお共有しているといってよい。

とはいえ、古代における「占い」の存在感は、現代の比ではない。前二一三年、始皇帝が焚書の詔を下し、詩・書をはじめとした諸子百家の書を焼くように命じた際にも、「医薬・卜筮・種樹」の書は、その所有が引き続き認められた。「卜筮《ぼくぜい》」、すなわち占いの知識が、医学や農学とともにならぶ「実学」的な教養の一部と見なされていたのである。生きてゆく上で不可欠な知識とされていたことが分かる。

当時の社会におけるその重要性は、日書の出土例の多さからも裏づけられる。たとえば、睡虎地一一号墓で発見された日書は、甲種と乙種を併せて四二五簡にのぼり、出土簡牘全体（一一五〇余簡）の四割弱を占める。睡虎地以外の秦漢の墓葬からも数多くの日書が出土しており、そこには多種多様な占いの方法が記されている。識字力のある階層の人間なら、手元に占いのテキストをいくつか持っており、それを死後の世界にまで持って行こうとしたことがうかがえる。

このように、古代における占いの影響力が、無視しがたいものであったのは確かである。だが、だからといって、古代人が占いに束縛され、何事も占いで決めていたかのようにイメージするなら、それは正しくない。そもそも占いにはいくつかの流派があり、それらが互いに矛盾しあうこともあった。前漢の武帝（在位：前一四一～前八七）の時のこととして、有名な逸話がある。

わたくしが郎であった時、太卜待詔で郎となった者と部署が同じで、彼が言うには「武帝の時、占い師たちを集めて「これこれの日に嫁を娶ってもよいか」と尋ねました。すると五行家は「よろしい」と、堪輿家は「ダメです」と、建除家は「不吉です」と、叢辰家は「大凶です」と、暦家は「小凶です」と、天人家は「小吉です」と、太一家は「大吉です」といいました。言い争って決まらないので、状況を報告しました。皇帝のご命令が下り、もろもろの不祥を避け、五行を主とせよ、とのことでした」と。だから人は五行に従って娶るのです。（『史記』日者列伝　褚少孫補）

こうした食い違いは、先に紹介した睡虎地日書の「生子」と尹湾漢簡「刑徳行時」とのあいだにも認められる。「喜の父は夭折する」と予言する「生子」に対し、「刑徳行時」の方は喜の生まれたタイミングを「大吉だ」と言っているからである。もっとも、睡虎地秦簡と尹湾漢簡のあいだには二〇〇年以上の時間差があるから、両者を比較するのはやや乱暴かもしれない。だが睡虎地の日書だけに限って、そのあちこちをパラパラ眺めてみると、「稷辰」（甲種26－1～46）の占いでは十二月の午の日の生まれは「吉」、「生」（乙種238～248）だと「疾――病気がち――」とあり、ばらつきがあるのは、やはり否めない。

思うに、喜も、そして喜の父親も、生まれたばかりのわが子を前にして、同じように日書のあちこちをめくったのではあるまいか。そして好ましい予言と悪い予言、その両方を見つけては、息子のゆく末に期待と不安とを抱き、ただただ健やかに成長することを願ったのではないか。日書は一つしかない未来を押しつけて、それにより人々を束縛するものだったのではなく、むしろ多くの可能性を目の前に広げて見せて、幸運に生まれついたのだと奢る者を戒め、不幸に怯える者を勇気づけるものだったというべきだろう。地下から現れるさまざまな日書は、災害や疫病に備えるための十分な科学的知識を持たない時代にあって、なんとか未来を知ろうとする人々の、切実な願いの積み重ねであったように思われる。

第二節　いのちの始まり

胎児の成長

時計の針をすこし巻き戻して、喜が母親の胎内にいた時分にまで遡ってみよう。馬王堆三号漢墓から出土した「胎産書」には、受精から誕生にいたるプロセスが、仔細に述べられている。

●禹が幼頻に問うていうには「私は人を殖やし子を産みたいとおもうが、どのようにすればよいのか」と。幼頻が答えていうには「月のものが始まり、すでに血液などが…出なくなって、三日のうちに精子を放てば、子供ができます。その一日目であれば男で、二日であれば女です。まことに人の生まれるのは、奥深いところに入り、奥深いところから出て、ようやく始めて人となるのです」と。（日本語訳は大形徹『胎産書・雑禁方・天下至道談・合陰陽方・十問』を一部改変）

右の文章の後に続く、月ごとの胎児の成長過程や妊婦への助言を、以下に箇条書きにしておく。

・妊娠一ヶ月目：飲食は必ず精のあるものとする。
・〃二ヶ月目：胎児が膏のようになる。
・〃三ヶ月目：胎児が脂のようになる。まだ姿形が定まっておらず、胎児は物を見て変化するので、侏儒《こびと》を使わず、猿を見ず、葱や生姜を食らわず、兎の羹《あつもの》を食べない。男の子を産もうとするなら、弓矢を置き、牡馬に乗ったりする。女の子なら、簪《かんざし》・珥《みみだま》を帯びたりする。
・〃四ヶ月目：水が精気を授けて、血を作らせる。
・〃五ヶ月目：火が精気を授けて、気を作らせる。
・〃六ヶ月目：金が精気を授けて、筋を作らせる。野外に遊びに出て、しばしば犬馬を走らせるのを見る。

・〃七ヶ月目：木が精気を授けて、骨を作らせる。
・〃八ヶ月目：土が精気を授けて、皮膚を作らせる。
・〃九ヶ月目：石が精気を授けて、体毛を作らせる。
・〃十ヶ月目：(欠文)

胎児は三ヶ月目くらいまでは明確な姿がなく、その期間に母親の見たものや口にしたものによって、性別も含めて、どのような子になるのかが決まってくる。やがて四ヶ月を過ぎる頃から次第に血肉を持つようになり、水や火といった「五行」の要素の働きにより、血→気→筋→骨→皮膚→毛が形成される。水が血を、木が骨を生み出すといったあたりは、両者の関係が直感的にも分かりやすい。こうした発育過程についての理解は、その後の医学書にも継承された。

こうして成長してゆく過程において、胎児はいったいどの時点で「人間」と見なされたのだろうか。このことは現代社会においても悩ましい問題だが、中国古代人にとっても同様だった。睡虎地秦簡の「封診式」に、次のような記事が残っている。

某里の士伍の妻で、甲という女が訴えるには「私は妊娠六ヶ月でした。昨日の昼に丙と喧嘩をし、私は丙と髪を引っ張り合い、丙は私の上に倒れ込んできました。里の人が助けてくれて、私と丙を引き離しました。家に帰るとお腹が痛くなり、昨晩流産しました。いま嬰児を布に包んで出頭し、自ら丙のことを訴える次第です」とのことだった。そこで令史の某を派遣して丙を捕らえさせ、嬰児の性別や髪の生え具合、胞衣の状態を検分しました。さらに隷妾《れいしょう》（労役刑徒の一つ）の出産経験豊富な者に命じて、甲の出血や傷の状況について検分させました。…甲が持ってきた胎児は、すでに布で包まれており、血の塊のようで、大きさは肘から指先くらいで、胎児かどうか判別がつかなかった。そこで水盤の中に置いて揺らしてみたところ、血の塊は胎児であった。頭・体・腕・手の指、股から足先までは人間のようだが、目・耳・鼻・性別は分からない。…（封診式84〜90）

喧嘩をして妊婦を殴り、流産させるのは犯罪であった（二年律令31）。さすがに殺人罪は適用されないが、喧嘩で相手の手足の骨を折ったのとほぼ同等の刑罰が与えられる。身ごもっているにもかかわらず、不届きにも喧嘩をした妊婦の方にも、罰金刑が科せられた。

とはいえ、妊娠のごく初期であろうと、出産間近の場合であろうと、胎児の「いのち」が同じように扱われたわけではなさそうである。そのことは、右の記事において胎児のようすが、髪の生え具合にいたるまで仔細に観察され、裁判資料として報告されていることからうかがえる。母胎から出てきたのが「人間」と呼べるのかどうか、慎重に吟味されているのだろう。中国古代人にとって髪の毛は生命力の源泉でもあったから、その点が観察の大事なポイントになっているのも面白い。

降って唐の時代になると、妊婦を流産させた場合の細かい処罰規定が残っている（『唐律疏議』闘訟3）。それによると、流産させた者は強制労働二年とされ、これは刃物で人を傷つけた場合と同等の刑罰である。ただし、胎児がすぐには死ななかった場合や「未だ形を成さざる者――まだ人間の姿をしていないもの――」であった場合には罪に問われない。中国古代人にとっては、「人間の姿になっている」ことが胎児を「人間」と見なすか否かの分かれ目だったようである。

子供の認知と家長の権限

母親のおなかの中ですくすくと成長し、無事に生まれてきたならば、子供は一個の人格である。たとえ生みの親であっても、その命を勝手に奪うことなど許されない。ただし秦代の法律は、新生児に深刻な障碍があった場合に限り、子殺しを容認していた。

「勝手に子を殺したなら、入れ墨をして城旦春《じょうたんしょう》（労役刑の一つ）とする。子が新たに生れて体におかしなものがあった、および不完全であったので殺したのなら、罪に問わない」〔と法文にある〕。いま子を生んで、子の身体は完全で、おかしなものもないのに、ただ子供が多いという理由だけで、その子が生き続けるのを望まず、挙げずに殺したのなら、どのように裁くのか。子を殺したとみなす。（法律答問69～70）

右の史料は同時に、単に子供が多いという理由で嬰児を「間引く」行為を、犯罪であると断じている。このことは、裏を返せば、そうした行為が決して少なくなかったことを物語っていよう。前漢の宣帝（在位：前七四～前四八年）の頃、王吉《おうきつ》という人物が当時の世相を次のように述べている。

夫婦とは、人倫の根本であり、夭折と長寿の萌すところである。世俗では嫁したり娶ったりするのが早すぎ、まだ人の父母たるの道を知らないうちに子をもうけており、これは教化が徹底していないので、民が多く若死にしているのです。妻を娶ったり娘を嫁がせたりする費用に節度がないので、貧乏人はついていけず、だから子を挙げないのです。（『漢書』王吉伝）

子を「挙げない」というのは子供を育てずに遺棄してしまうことで、先の法律答問にも同じ表現が見えている。「挙げる」というのは、もともとは生まれてきたわが子を両手で持ち上げて、自分の子として認知する儀礼であろう。

同じような儀式が古代ローマでも行われていた。生まれた子供はすぐに、椅子にすわる家長の足下に置かれ、家長がこれを拾い上げれば家に受け入れてもらえたものの、拾い上げない場合には遺棄されたという。古代ローマでは家長が絶対的な権限を持ち、このように生まれた子を遺棄したり、売却したりする権利を有していた。

家長が家族成員に対して強い権限を握っていたのは、古代中国においても同様である。確かに、前に引用した法律答問に見えるとおり、秦代には親が子供を「勝手に殺す」（原文は「擅《ほしいまま》に子を殺す」）ことは禁じられていた。だがそれは「勝手に」行った場合であって、「勝手」でなければ、罪にはならなかった。たとえば親が子供を「親不孝者である」と訴え出て、確かにそのとおりだった場合には、子供は死刑にされた（二年律令35）。いわば公的な許可さえあれば、家長は子に制裁を加えることができたのである。史書にはたとえば、自分の奴隷を縛り上げて官府に出頭し、その奴隷を殺すように請うた者の逸話が残っている（『史記』田儋列伝）。奴隷と持ち主の関係は、しばしば親と子の関係になぞらえられるので、この逸話は、子に制裁を加えるための当時の手続きをも示しているといえるだろう。

こうした制度はあくまで親への孝養を奨励するための、威嚇の意を込めたものであったと思いたいところだが、実際に子の死刑を願い出る親もいたらしい。睡虎地秦簡の封診式には「告子――子を告発する――」という標題のある文書書式が見え（封診式50～51）、そこでは親が子の不孝を訴え、それを承けて官吏が子を捕らえて取り調べ、子は確かに親不孝であったと認めている。同じような訴えが現実に寄せられていたからこそ、こういう書式が準備されているのだと推測される。

少しばかり親不孝であろうとも、可愛い我が子であることには変わりないだろうが、親にも親の事情がある。畑仕事を行わず、素行が修まらないにもかかわらず、子供を告発しないで放置していると、その子が役人に取り調べられ、県に送られて相応の罪があるとされたとき、告発しなかった親の方にも罰金刑が科された（岳麓〈陸〉194～197）。家長に許されていた権限は、家の中をきちんと治め、お上や世間さまには迷惑をかけないという責任と抱き合わせであったといえる。

いずれにせよ、子の立場は非常に弱い。こうした制度をよいことに、再婚相手にそそのかされて、何の落ち度もない子供の処刑を願い出るような、むごい父親すらいたらしい（岳麓〈陸〉185）。一方で子供の方は、国家反逆罪のような大罪でもない限り、父母の罪を告発することはできなかった（二年律令1～2、133）。それでいて罪を犯した親を匿うと、それはやはり罰せられた（岳麓〈肆〉6）。とにかく罪を犯さないように親を諫めるのが、子に許された唯一の道であった。
ちなみに、前漢時代の後半期になると、子供が父母を匿っても、原則的には罪に問われなくなる（『漢書』宣帝紀地節四年条）。また唐代の法律では、言うことを聞かない子供であっても、これを殺せば刑罰に当てられ、許可云々はもはや問われなくなっている（『唐律疏議』闘訟28）。法秩序と家庭内秩序との間の境界線をどのように画定するのかは、時代をおって徐々に変化していったのである。

子を思う気持ち

いささか殺伐とした話題になってしまった。だが、たとえ法律制度や社会習俗、さらには経済的な環境において中国古代が今とは大きく異なっていたとしても、それでも当時の人たちの、自分の子供を思いやる気持ちには、現代と共通するものがあったに違いない。先に挙げた「胎産書」には、次頁に示したような図が書き込まれていた（**図6**）。これは「禹蔵図《うぞうず》」と呼ばれ、中心には「（図の上側が）南方。禹臧（蔵）。」と墨書されている。同じく馬王堆帛書の「雑療方」には、

禹が胞衣《えな》を埋める図法（「禹蔵埋胞図法」）。胞衣を埋めるのは大時・小時の在るところを避け、生まれた月によって寿命の長いものを見て、…胞衣を埋める。

とあり、次頁の禹蔵図こそが、この「禹蔵埋胞図法」にほかならない。

胞衣、つまり胎児を包んでいた膜や胎盤を地中に埋めておく風習は、日本をはじめとした広い地域に見られるものである。中国古代も同様であった。この図は胞衣をどの方角に埋めればよいのかを知るためのもので、まず周囲にある十二の正方形に一月から十二月の月名が書き込まれている。各月名の周りには、月名を中心として三六〇度を三〇度ずつ区切った十二の方位（真北（図の下側）を「子《ね》」にして、それぞれの方位が十二支に配当される）に「廿」から「百廿」に到るまでの数字（＝生まれた子の寿命）と、

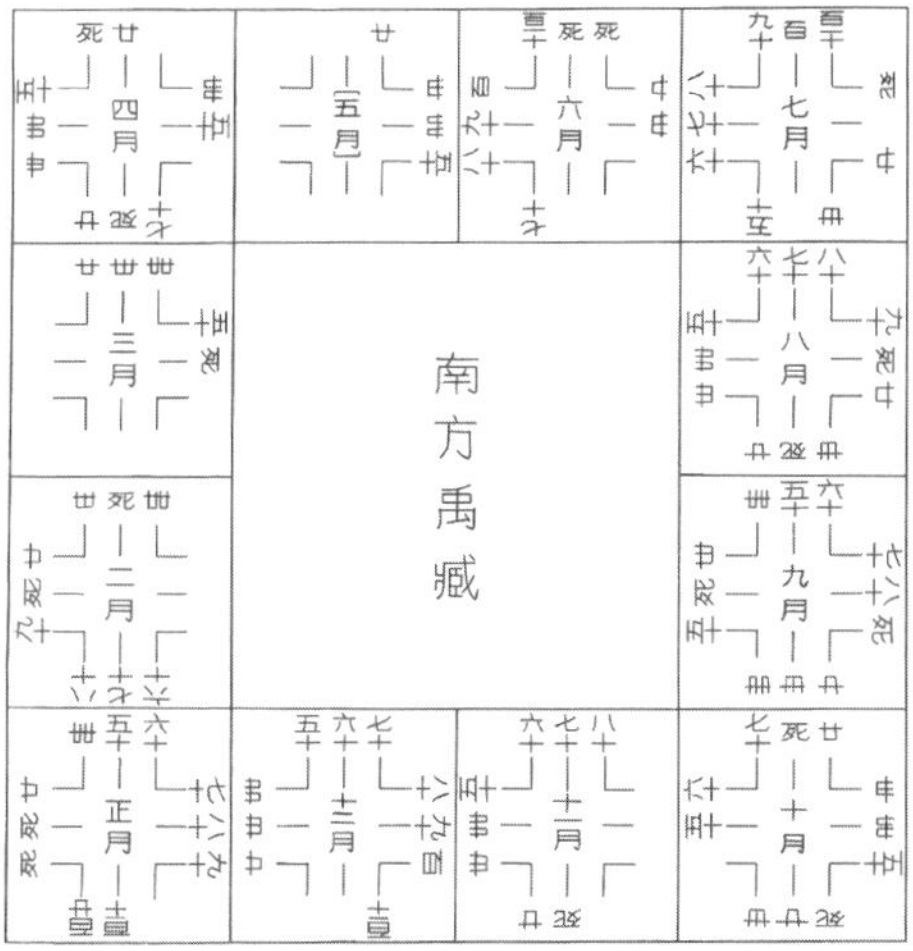

図6　馬王堆帛書「禹蔵図」

二つの「死」とが記されている。この「死」が記されている方位こそが、「雑療方」のいう「大時」と「小時」に当たる。喜を例にとるならば、彼は十二月の生まれだから、子・丑の方角（真北や北北東、図の左下）が不吉であり、その長寿を願うなら、胞衣をだいたい戌・亥の方角（北西、図の右下）に埋めればよい、ということになる。胞衣の埋め方については「胎産書」に、

一に曰く、必ずよく胞衣を洗い、さらに…。陶器の瓶を用い、虫や蟻が入れないようにし、…嬰児はできものがなくなり、肌はきめこまかく

つややかで、寿命が…。

として見え、陶器に収めて埋めるのが通例だったらしい。こうした風習が秦代の南郡でも行われていたならば、きっと喜の父は壺に収めた我が子の胞衣を、家の西北あたりに埋め、その健康を祈ったことだろう。その気持ちは、子供らのへその緒を木箱に収めて大事にとってある、現代の我々の感情とさほど大きくは変わるまい。

第二章　出生届——中国古代の戸籍制度——

今元年、喜傅。

…

十六年、自占年。（編年記8・23、第二欄）

秦王政（始皇帝）元年（前二四六）、喜が成人として登録された（喜は数えで十七歳）。

同一六年（前二三一）、年齢を申告した（三十二歳）。

第一節　戸籍制度のあらまし

制度のはじまり

紀元前二四六年、数えで十七歳になった喜は「傅」された。「傅」とは「附」「著」、つまり「つける」という意味で、成人に達した男性をおおやけの労役への動員対象として、名簿に載せることであるとされる。言うなれば、成年男子を君主に対する奉仕者として認定する手続きである。彼らが登録された名簿がいわゆる「戸籍」と同じなのか、それとも戸籍とは別に、徭役・兵役に服すべき者の名簿が作成されたのかについては、研究者のあいだでも意見が一致しない。

戸籍制度、すなわちどこに、どのような者たちが、何人家族で暮らしているのかを記録して、それにより住民を管理するという制度の起源は、記載の範囲がごく限られたものまで含めるなら、秦代より遙か昔にまで遡るだろう。儒教の経典の一つで、周代の官制を記したものとされる『周礼《しゅらい》』には、戸籍をつかさどる者として「司民」という官職名が見える。

司民は万民の数の報告を掌る。「生歯」より以上は、いずれも木板に書き込む。国都周辺の都城や、卿大夫らの領地、および国都の郊外やさらに縁辺など、居住地ごとに分け、男女を区分する。毎年の報告では死んだ者と生まれた者の数を更新する。〔注、…男は八ヶ月、女は七ヶ月で歯が生える。版というのは今の戸籍である。…〕。三年ごとの「大比」の時には、万民の数を司寇に伝える。司寇は孟冬の「司民」の星を祀る日に、その数を王に奉る。王はこれを受けとり、天府に奉る。内史・司会・冢宰はこれを補佐し、王の治世を助ける。（『周礼』秋官・司民）

ただしここに記されているのは、あくまで後の時代の人間が想像した「周代における理想の制度」であり、こうした制度がそのまま行われていたわけではない。より多くの人々が戸籍に登録され、それによって把握されることになるのは、やはり戦国時代にまで降るだろう。

秦の国では、献公一〇年（前三七五）に戸籍が作成され、同時に民が五人ずつのグループ（「伍」）に組織されたという（『史記』秦始皇本紀）。折しも、献公が櫟陽《やくよう》に都を遷し、東方への進出を図っていた時期なので、このときの戸籍作成は、より多くの歩兵を徴発するための施策の一環であったと考えられる。その他にも献公の頃には、戦場で敵の首級を挙げた者に爵位を与える制度が始まっていたようであるし、次の孝公の時代には、小さな集落が寄せ集められて「県」とされ、さらには農地の区画整備も進められた。いわゆる郡県制の下での、軍事制度・官僚制度・土地制度の整備が急速に進行していたのである。戸籍は労働力動員や租税徴発の基本台帳として、こうした制度改革の根底を支えるものであった。

だが、後で述べるとおり、完璧な戸籍制度がただちにできあがったわけではない。当初作成された戸籍には、そこに載せられた人々の範囲や、記された情報の正確さにおいて、少なからぬ問題があったに違いない。喜が生きた時代は、そうした問題が徐々に克服されて、戸籍制度が曲がりなりにも軌道に乗ってくる時期に相当し、それに伴って生じた制度の変化を、他ならぬ喜本人が身をもって体験している。

ただし、その話に入る前に、まずは戸籍制度のあらましについて、漢代の制度を例にとって紹介しておこう。これは、喜が生きた頃よりもいささか後の時代の制度なので、秦代の制度とは若干異なる点も含まれること、あらかじめことわっておきたい。

戸口調査の概要：漢代の場合

戸籍は毎年八月に、郷里の役人たちが戸口調査を行い、作成された。

いつも八月に、郷部嗇夫《しょくふ》・吏・令史に共同で戸を調査させ、戸籍の副本はその県の役所に収蔵する。居所をうつす者があれば、そのつど戸籍と年齢についての簿籍・爵の詳細とを、うつった所に移送し、あわせて印で封をする。それを留めて移送しなかったり、移送しても封をしていなかったりしたとき、および実際には戸籍をうつさないことが十日以上であれば、いずれも罰金四両。戸籍が置かれている所の里正や里典が告発しなければ、同罪とする。郷部嗇夫・担当官吏および戸を調査する者が見つけなければ、罰金それぞれ一両。（二年律令328～330）

右の引用に見える「郷」「里」とは、県のさらに下に置かれた行政単位で、郷の責任者たる官吏が「郷部嗇夫」であった。一方、里の代表者である「里正」「里典」は住人の間で互選され、官府によって任命された者なので（岳麓〔肆〕142～146）、「官吏」とは呼びにくい。戸籍作成の主体となったのは郷の役人、さらには県から派遣された書記官（令史）などであった。このあたりの役人や世話役については、次章でくわしく述べる。

作成されるリストは何種類かに分かれ、「戸籍」の他、年齢や爵位の記載を中心とした帳簿もあったらしい。さらに宅地や耕地の所在とその持ち主の名、当該の耕地から収めた租税額のリストなども作成されており（二年律令331～332）、これらが作られたのも戸口調査の時であったかもしれない。いずれの帳簿も正本と副本とが作成され、副本は県に送ると規定されているから、正本の方は郷に止め置かれたのだろう。

戸籍に記載される内容は自己申告に基づいていた。

民はいずれも年齢を自己申告する。まだ幼くて自己申告できず、父母や兄弟で申告してやれる者がいない場合は、役人が…その年齢を定める。自分や子・兄弟の年齢を申告して、実年齢との違いが三歳以上であれば、いずれも耐刑（無期労役刑）。子を産んだ者はつねに戸籍調査の時にその…を申告し、…。（二年律令325〜326）

ここに新生児の申告も見えている。この申告が現在の「出生届」に当たるだろう。ただし実際には、家族が増えたことは毎年の調査の時に、必ず申告されたわけではなさそうである。申告した年齢と実年齢との間の、一〜二年の相違は「誤差」として許容されていることがそれを物語っている。幼児の死亡率はかなり高かったので、それゆえに出生後しばらく時間が経ち、ある程度成長してから、改めて家族の一員として申告することが暗黙のうちに認められていたのであろう。そもそも戸籍に期待される最も重要な機能は、兵役や徭役に徴発できる人員の把握であり、すべての住民について確度の高い情報が求められていたわけではない。従って、十二月に生まれた喜がその年の戸口調査で早くも戸籍に載せられたのかどうかは、実のところ定かでない。

戸口調査は八月に行われるのが通例で、この時期が「戸時」とも呼ばれた。当時は十月が年度の初めであり、八月はいわば「年度末」が近づく時期にあたる。八月から調査を始め、作成された記録が県で集計され、さらに郡に送られ…という手順で、次の年度の初めまでに全国の戸口情報が集約された。こうした情報は、耕作地面積や財物の収支記録などとともに「集簿」としてまとめられ、最終的には中央政府に提出された。先に挙げた『周礼』の記事で、司民が孟冬の月（＝十月）に臣民の数を君主に報告しているのは、実際の制度をいくぶん反映したものだろう。

調査に当たっては役人が各世帯を訪問したのではなく、住民が一つの場所に集められたらしい。時代は後漢の初め頃に降るが、江革《こうかく》という人物は戸口調査のために出頭する際、高齢の母親が馬車に揺られるのは可哀想だと、牛や馬を用いず、自ら車を牽いてやってきたという（『後漢書』江革伝）。調査の時には、高齢者に粥を与えたり、腰掛けや杖を授けたりすることになっている（『後漢書』安帝紀）。こうした賜与が行われるのも、老人をも含めたすべての居民が、調査のために一堂に会したためであろう。

本籍地制度の徹底

作成された戸籍は、県と郷とで管理された。県に提出された副本は、不正に改ざんされないように、箱に入れられ、紐をかけて封印され、そのうえで専用の文書庫に収められたという（二年律令331〜332）。さらにその文書庫の扉も、県令（県の長官）などの官吏の判子で封印されたというから、その厳密な管理のさまがうかがえる。

ある人物の戸籍が置かれているところ、すなわち本籍地には、その者についてのさまざまな記録が他にも保管されていた。たとえば前科の記録。

取調を受けている。　県令どのに申し上げます。男子の某は取調を受けており、「爵位は士伍で、本籍は某里にあります」と供述した。彼の名前・身分・本籍地は何か、かつてどのような罪に問われたのか、どのような罪を赦免されたのか、詳しく取り調べられたことがあるのか否か。記録者を派遣し、律に則って財産を差し押さえ、移送すべきものは移送し、いずれもこちらに報告していただきたい。以上申し上げます。（封診式6～7）

右に挙げたのは「有鞫《ゆうきく》」というタイトルの付けられた文書書式である。容疑者を取り調べてみると、その者が別の県の出身だったので、本籍地に対して容疑者の身元その他についての問い合わせがなされている。問い合わせ先が間違いなく容疑者の本籍地であれば、前科はもちろん、かつて取り調べを受けたことがあるかどうかまで判明したのである。たとえ本籍地以外の場所で捕らえられ、取り調べられたとしても、そのことが本籍地に通達され、情報をそこに集約する仕組みであったことが分かる。この他にも、逃亡したことがあるかどうか、今年度すでに何日間労役に服したのか、といった事項までもが、本籍地において記録されていた。

　従って、居所を移して本籍地を変える場合には、三九頁に挙げた二年律令（328～330）にあるとおり、記録一式が新しい本籍地に移送されねばならなかった。事情は秦代も同じである。里耶秦簡には、次のような文書が残っている。

始皇二六年〈前二二一〉五月辛巳朔庚子〈二十日〉、啓陵郷嗇夫の…が申し上げます。都郷守嗇夫の嘉が言うには「渚里……劾ら十七戸が都郷に転居してきたが、いずれも年籍が移送されていない」と。県からのご命令に「移送して報告せよ」とありました。●いまこれを問い合わせたところ、劾らは転居し……書…都郷に告げて言うには「啓陵郷にはまだ書類がない。劾らの生年や、現在の年齢…知りようがない。……いずれも自分で申告した。どうか劾らの年齢を都郷に尋ねさせていただきたい。以上申し上げます。〈里耶秦簡⑯9A〉

残念ながら木簡の下部が欠けていて、正確なところは分からない。どうやら某県の渚里という所から、十七世帯が遷陵県の都郷に引っ越してきたが、彼らの「年籍——年齢を記したリスト——」が未着であったらしい。そこで都郷の人間が経由地の啓陵郷に問い合わせたものの、啓陵郷からも「分からない」という返答が帰ってきた。右の文書は、その啓陵郷からの返書である。時あたかも始皇二六年、つまり六国の征服が完了した年に当たる。どういう事情なのかは分からないが、占領から間もないフロンティアへと引っ越してきた家族らしい。混乱のなか、戸籍情報の送付にも遅れが生じていたのだろう。

こうした本籍地制度の下では、許可なく本籍地を離れることが固く禁止されていた。用事があって他所に出かける際には、役人から通行証を発給してもらわねばならない。この通行証を「伝」「符伝」といい、これを携帯せずに関所や渡し場を通過したなら、厳しく罰せられた〈二年律令488〜491〉。郷嗇夫や里典は毎月住民の移動を調査して報告する義務があり〈岳麓〈肆〉140〜141〉、許可を得ずに姿を消した者がおれば、逃亡した日付などを記した「奔書」という書類が作られた（同135〜138）。三ヶ月たっても戻らなければ、逃亡者の爵位が削られ、やがて不在期間が一年を満たしたなら、その者についての記録は抜き出され、別に保管されることになったという。

第二節　戸籍制度の整備

秦代の戸籍の記載内容

四二頁に引いた封診式からは、戸籍にまず名前・身分・本籍地（原文は「名・事・里」）が載せられていたことが分かる。現在までに発見された秦代の木簡のうち、戸籍の実物かと思われるものにも、同じ内容が記載されている（釈文の「□」は判読できない文字。この簡の写真は**図7**を参照）。

南陽、戸人、荊不更、□得。（第一欄）
妻曰嗛。（第二欄）
子小上造台。子小上造㝠。子小上造定。（第三欄）
子小女虖。子小女移。子小女平。（第四欄）
五長。（第五欄）

（里耶秦簡 K1/25/50）

右の簡は、里耶秦簡が見つかった遷陵県の遺跡の、集落の周辺にめぐらされた堀のなかから発見されたものである。同じような内容の簡が全部で二十数枚あり、幅はまちまちだが、長さは四六センチメートルもあり、かなり大型の部類に属す。記載内容から「戸籍簡牘」とか「戸籍様簡――戸籍のような内容を持つ簡――」と呼ばれている。

いちおうの解説を加えておくと、第一欄の「南陽」は里の名前で、「戸人」というのは「戸主」のことである。その次の「不更」とは爵位の呼称で、二十等級の爵位（一六三頁図18参照）のうち下から四番目の、第四等爵である。ただし、この場合は「不更」の前に「荊」が付いている。「荊」とは「楚」のこと、つまり秦が遷陵県を設置するより前に、このあたりを支配していた諸侯国の名である。おそらく戸主の「□得」という人物は、秦の軍勢が攻めてくる前からの住人で、秦におとなしく服属したことへの恩賞として、特に爵位を与えられたのだろう。息子たちがいずれも「上造」爵（第二等）を帯びてい

南陽戸人荊不更□得
（第一欄）
妻曰嗛
（第二欄）
子小上造台
子小上造甯
子小上造定
（第三欄）
子小女虖
子小女移
子小女平
（第四欄）
五長
（第五欄）
K1/25/50

図7　里耶秦簡　戸籍様簡

るのも、また同じ理由であったに違いない。ただし彼らは未成年だったので、爵名に「小」という字が冠せられている。

続く第二〜四欄には、妻・息子・娘の身分や名前が記入されている。この一家は両親に子供六人の八人家族であった。最後の第五欄には「五（伍）長」とあり、戸主が五人組のリーダーであったことが分かる。

これ以外の戸籍様簡も、記載事項はほぼ共通しているが、若干の異同もある。各欄の書式をまとめると、次のようになる。

第一欄：「南陽戸人［荊］不更○○」＋「弟」「子」……（成人男子）
第二欄：「妻曰○」「妻大女子○」＋「妾」「下妻」「隷」＋「○［弟］妻○」……（第一欄の配偶者など）
第三欄：「子小上造○」＋「○子小上造○」……（未成年男子）
第四欄：「子小女○」＋「母○」……（未成年女子＋高齢の女子？）
第五欄：「臣曰○」＋「伍長」……（奴隷、および特殊情報）

やはり記載内容は名・事（爵位や「大女」「小女」）・里、さらには世帯内での続柄ということになる。

ちなみにこれらの簡を漢代のものだという研究者もいるが、「荊不更」という特別な爵称は、これが秦による占領の直後に書かれたものだということを示している。秦の支配がこの地に及んだごく初期の、本格的な郡県制もまだ導入されていない時期の簡だとする説が、やはり妥当だろう。

睡虎地秦簡にも、古い時代の戸籍の姿を彷彿とさせる史料がある。「為吏之道」の末尾に附記された、魏の「戸律」がそれである。官吏の心得を説いたテキストになぜ法律条文が紛れ込んでいるのか、なぜ秦ではなくて魏の国の法律なのか、といった疑問はしばらく措いておく。この魏戸律は、前二五二年に魏の国で下された王の命令書であり、商人や入り婿といった者たちを一般人として扱ってはならず、耕地や宅地も支給しないように命じたものである。ただし、彼らから三世代のちの子孫については、希望するなら身分を改めることもでき、その際には、

その「籍」には「もともと某慮（=閭？）に居住していた、入り婿である某叟の曾孫」と記す。（為吏之道16－5～21－5）

と規定されている。魏の国でも、戸籍には名前の他、居住地と身分が記入されていたことになる。

年齢記載の始まり

こうして、より古い時代の戸籍の記載内容を眺めると、そこに「年齢」が欠落しているということに気づく。これは従来知られてきた、漢代の戸籍とは書式を異にする。たとえば次に挙げたのは、『史記』の著者として知られる司馬遷《しばせん》の「戸籍」の中身だといわれる文章である。

太史令、茂陵県・顕武里の大夫、司馬遷。年齢は二十八歳、三年六月乙卯の日に官吏に叙任され、官秩は六百石。（『史記』司馬遷伝索隠引博物志）

一次史料ではないので、その来歴はいささか怪しい。官吏としてのキャリアまで記入されており、率直にいって「戸籍」らしくないが、少なくともそこには年齢が書かれている。一次史料を挙げろということなら、時代がさらに降るものの、三国呉の時代の走馬楼呉簡に次のような戸籍がある（釈文の「〼」は簡の断裂を示す）。

宜陽里、戸人、公乗、夏隆、年卌一、真吏。（走馬楼呉簡〔壹〕9090）
隆子男、帛、年十一。（9165）
帛男弟、燥。年八歳。（9213）
燥男弟、得、年六歳。（9217）
隆戸下奴、謹、年十三。雀両足〼（9013）
隆戸下奴、成、年廿二。（9092）
右隆家口食九人　　訾　一　百（9324）

詳しい説明は省略するが、ここでも戸主の夏隆をはじめとして、全員の年齢が明記されているのが分かるだろう。

どうやら秦の戸籍には当初、各自の年齢が記載されていなかったか、あるいはたとえ記載があったとしても、その正確さには十分な信頼がおけないものだったらしい。出生後ただちに届けを出さなくてもよく、また記載内容は基本的に自己申告に拠っていたのだから、正しい年齢を把握するのは、なかなか難しいことだったのかもしれない。

だが紀元前二三一年、すなわち始皇一六年に、秦は全土の男子に命令を下す。自分の年齢を、各自がきちんと申告せよ、と。


始皇一六年九月、…。初めて男子に年を書かせた。(『史記』秦始皇本紀)

これを承けて、三十二歳だった喜も年齢を申告し、本章の始めに引用したとおり、そのことを編年記にも書き込んでいる。よっぽど大々的に行われ、当時の人々の記憶にも強く残ったのだろう。岳麓書院所蔵簡に名前の見える「爽」という人物についても、年齢申告の時に彼が十三歳であったことが書き留められている(岳麓0552『文物』二〇〇九年第三期)。

では、なぜこの年に年齢の申告が命じられたのだろうか。その理由は、当時の戦況を振り返ってみると、なんとなく分かってくる。

秦王政が即位した当初、秦の軍事的優勢はすでに明らかであったものの、秦は他の諸侯国と共存していく道をまだ捨てていなかった。だが幼かった秦王政が成人し、親政を行うようになると、秦は次第に武力による六国征服に舵を切る。

秦にとって、東方にいた最大のライバルが趙の国であった。昭襄王のとき、確かに趙は秦に大敗を喫したが、やがて勢力を盛り返し、秦王政の頃には再び侮りがたい敵となっていた。前二三六年、秦は北と南から趙に攻め込むが、戦況はあまり芳しくなかったようである。前二三三年には、官有の兵器を私蔵している者が正直にそれを差し出せば、不正保有の罪には問わず、逆に標準価格で買い上げるという命令が下されており（岳麓〔陸〕5〜11）、秦の旗色の悪さを物語っている。前二三二年に兵力の大動員に踏み切り、改めて趙に兵を進めたものの、この軍勢も趙の李牧将軍の前に敗北する。

年齢申告が命じられたのは、その翌年であった。失った兵員を補充し、遠征軍を増強することが、この指令が下された最大の理由であるのは、ほぼ間違いない。動員可能な「男子」をより多く、より正確に把握し、今後の軍事作戦を立案することが焦眉の課題だったのである。二年後の前二二九年、再び大規模な動員が敢行され、趙へと遠征軍が派遣された。翌年、この軍勢の前に趙は敗れ、とうとう滅亡する。戸籍制度を充実させ、軍事的奉仕の土台をあらゆる成人男子にまで拡大させることで、秦はこの勝利をつかんだのだといえる。

年齢が記載される前は？

さて、戸籍にきちんと年齢が記載されるのが前二三一年まで降るなら、それ以前は、一体何を基準にして「成人」か否かが判定されたのか。喜はどうして十七歳の時、「傅」せられることになったのだろうか。

年齢が基準となる前は、身長が目安だったと考えられている。睡虎地秦簡には、次のような規定が見える。

隷臣《れいしん》・城旦《じょうたん》のうち身長が六尺五寸に満たない者、隷妾《れいしょう》・舂《しょう》のうち身長が六尺二寸に満たない者は、いずれも「小」とする。身長が五尺二寸であれば、いずれも作業させる。（秦律十八種49〜52）

隷臣・隷妾や城旦・舂というのは労役刑徒の呼称である。明確な刑期はなく、原則として終身の労役に就けられた。いわば官有の奴隷とされたのである。最も重い労役刑が「城旦舂」で、正確にいえば男性が「城旦」、女性が「舂」とされた。それより軽いのが「隷臣妾」で、男性が「隷臣」で女性が「隷妾」である。従って右の条文は、男性刑徒は身長六尺五寸（一五〇センチメートル弱）、女性刑徒は六尺二寸（一四〇センチ程度）を境界にして「大」と「小」に区分されたことを教えてくれる。彼らは毎年八月、つまり戸口調査と同じ時期に身長を測られ、基準を超えていたら「大」とされた。

小隷臣妾は八月になったら「傅」せられて大隷臣妾となり、十月になったら食料を増やす。　倉律（秦律十八種53）

ここでは、刑徒が「小」から「大」となることも「傅」と呼ばれている。十分に成長し、君主に対する一人前の奉仕者として認められることになるのだから、この手続きもまた「傅」なのである。従って、一般人が「傅」されて「小」から「大」に変わる際の基準も、刑徒と同じく身長であったと考えられる。

一般人の場合は刑徒と違い、六尺五寸でもなお「小」とされている例（封診式8～12）が存在する。一方で、六尺七寸だと「大人扱い」されるのかと思わせる史料もある。

甲が牛を盗み、牛を盗んだ時には身長が六尺だったが、一年間収繫され、再び身長を測ると、六尺七寸だった。甲はどのように裁けばよいか。完城旦に相当する。（法律答問6）

牛泥棒は通常なら入れ墨刑に相当する（張家山漢簡・奏讞書、案例⑰）が、右の「甲」という人物は逮捕時に六尺で、つまりは未成年であったため、未成年には身体毀損刑を加えないという一般規定（二年律令83）に従い、「完（＝身体に毀損を加えない）」に減刑された。たとえ判決までに時間がかかり、その間に「大人の身長」になったとしても、逮捕時の身長を基準に量刑するのだ、というのが右の問答の要点である。

ただし、減刑が適用されなくなる身長の基準と、「傅」される基準とが同じなのかどうかは、実のところ分からない。だが典籍史料には六～七尺を成人の目安とする記事（『呂氏春秋』上農、『周礼』地官郷大夫）が見られるので、基準が七尺をさらに超えることはないだろう。六尺五寸から七尺の間、とひとまず見積もっておきたい。発掘報告書に載せられた喜の亡骸を測ってみると、身長は一六〇センチ程度、だいたい七尺くらいである。彼は十七歳で基準の身長を超え、成人として「傅」せられたのだろう。

身長の伸び具合には個人差もあるから、背丈を成人の基準とするのは不平等のようにも感じられる。だがこのやり方には長所もあった。ごまかしが効かない、という点である。本人が嘘をつき、関連する記録も官府に見当たらなければ、正確な年齢を知ることはできない。だが身長は、そのつど実際に測定すればよく、偽りようがない。

確かに前三七五年、秦の国でも戸籍の作成が始まったのだろうが、それにより速やかに、あらゆる住民の個人情報が仔細に管理されるようになったと考えるのは、いささか発想が現代的すぎる。故意にせよ過失にせよ、申告を怠る世帯も少なくなかっただろうし、また戸籍作成のための膨大な事務作業をこなし、かつ指示に服さない者を取り締まれるほど、官僚機構・行政制度の質と量が早々に充実したとも思えない。そもそも制度そのものが、年齢に少々の「誤差」があることを許容しているというのは、すでに述べたとおりである。こうした状況の下では、身長を基準としておいた方が何かと都合がよい。たとえ戸籍に記載のない者がいたとしても、背丈を測って、その者に従軍を命じることもできただろう。いわば戸籍に漏れがあることを、あらかじめ想定したうえで制度が組み立てられていたといえる。

従って、制度の開始から一五〇年ほどの時をへて、前二三一年になってからあらゆる男子に年齢の申告が命じられたのは、全土において同じように戸籍情報を収集し、なおかつ集められた情報を正確かつ円滑に管理することができるほど、戸籍制度とそれを取り巻く諸制度が十分に整えられていたことを示している。それ以降の法律条文では、成人とされる目安はいずれも年齢とされるようになった。たとえば先に挙げた「未成年は入れ墨刑にしない」という二年律令(83簡)の規定も、この場合の未成年とは「十七歳未満」であるとはっきり述べているし、また男子が「傅」される目安も、爵を持たない一般人であれば「二十歳」である(二年律令364)。戸籍制度の成熟を承けて、徴発できる者の数を正確に把握すべくあらゆる成人男子に年齢を申告させ、一人一人の国民がいま何歳なのか、正しく知りうるようになった結果、さまざまな基準もまた身長から年齢へと切り替わったのである。

戸籍制度を通じて農民を管理し、彼らから労働力や財物を徴収することが、中国の古代帝国を根本において支えていた基盤であるとしたら、喜はまさに、古代帝国が出現する時代に生まれ合わせた人物だといえるだろう。

第三章　喜をとりまく人たち
――家族制度・郷里制度――

卌七年、攻長平。十一月、敢産。

…

五十六年、後九月、昭死。正月、遬（速）産。（編年記47、第一欄・3、第二欄）

昭襄王四七年（前二六〇）、長平を攻撃した。十一月、敢が生まれた（喜は数えで三歳）。…同五六年（前二五一）、閏九月、昭襄王が死んだ。正月、速が生まれた（十二歳）。

第一節　家族の暮らし

喜の家族

喜は長男で、下に二人の弟がいる。実際のところ性別は分からないのだが、「敢」「速」という名前はいかにも男の子らしい。女の兄弟はいなかったのか、それとも女兄弟は編年記に載せないという原則だったのか、いずれとも判断がつかない。

喜は敢とは二歳しか違わないものの、速との間には十一歳もの年齢の開きがある。もしかしたら、喜の父親は若い第二夫人を迎えていて、速はその子供なのかもしれない。ちなみに、やがて成人した喜は結婚して子供をもうけるが、彼の子供も長子と第三子の年齢が十六歳も離れている。喜の一族が相応の財産を持っており、第二夫人を迎えうるだけの十分な経済力のあったことは、他の手がかりからしても明らかである。

当時は一夫多妻が認められていて、第二夫人は「下妻」「小妻」「偏妻」などと呼ばれ、奴隷身分の女性であれば「御婢」という呼称もあった。主人と性的関係にある女奴隷、といったところである。これを子の立場から言えば、生母の他に複数の「義理の母」がいたことになる。正夫人（嫡妻）とその子供（嫡子）は、それ以外の者（庶妻・庶子）とは儀礼制度の上では厳密に区別された。だが漢代の初めの法律では、子は義理の母に対しても生母と同じように孝養を尽くすこととされていた。

子が父母を殺そうと企んだり、祖父母・父母・仮大母・主母・後母を殴打・悪罵したり、および父母が子供を不孝だと告発したりしたら、いずれも棄市（＝死刑）。（二年律令35）

右の条文にはさまざまな「母」が現れる。「仮母」は嫡子からみた庶妻のことで、「主母」は庶子と嫡妻、「後母」は前妻の子と後妻との間の「母子関係」を表現する呼称であろう。ここでは義理の母を侮辱する行為が実母と同様に処罰されていて、両者の間に区別はない。ただし、こうした法律上の原則もいろいろと変化し、秦代には主母や仮母を殴っても死刑にはならなかった（岳麓〈伍〉203〜204）。また漢代においてもやがて義母の殺害が生母の場合とは区別されるようになったらしい（『晋書』刑法志）。

前章で紹介した里耶秦簡の「戸籍様簡」では、第二夫人も家族の一人として、正妻とともに記載されており（里耶秦簡K5）、少なくとも秦代には、第二夫人も戸籍の上では家族の一員と認められていた。従って戸籍上の喜の家族は、父と二人の母、子供三人（＋α？）で、計六名程度だったことになる。

里耶の戸籍様簡のうち文字がきちんと判読でき、家族の人数が判明する世帯についていえば、その人数は四～十名で、平均七名弱となる。父母と未成年の子供から構成される小規模な家族が多く、成人した兄弟の同居が確かめられるのは三例、母との同居も三例に止まる。漢初の史料だと江陵鳳凰山一〇号漢墓出土の「鄭里稟籍」があり、人数の判明する二十四戸の口数は戸ごとに一～八名で、平均四・六名となる。漢の文帝（在位：前一八〇～前一五七）の時に晁錯という人物が奉った上奏文では、当時の農家は「五口之家」が基本であるとされており、一世帯五名というのが平均値であった。幼い頃の喜の家族も、だいたいこれと符合する。

小家族制と土地・租税制度

成人した男子が父母とは別に「戸」をもうけ、一つの世帯が基本的に夫婦と未婚の子供とから構成されることになっているのは、秦の商鞅《しょうおう》（?～前三三八）が行った「分異令」に起因するものだと考えられている。少々長くなるけれども、『史記』商君列伝を引用しておく。

民に十人組・五人組を作らせ、相互に監視・連坐させた。犯罪を告発しなければ腰斬とし、告発し

> た場合は敵の首を斬ったのと同じように恩賞を与え、犯罪を隠匿した場合は敵に降伏したのと同じように罰した。二人以上の男子がいながら生計を異にしなければ、賦を二倍にした。軍功を挙げた者は、それぞれ程度に応じてより高い爵位を授けられた。…三年後、咸陽に宮殿を作り、秦は雍からここに都を遷した。民に父子・兄弟で同じ家に暮らすことを禁じた。そして小さな諸集落を集めて県とし、令・丞を置き、全部で三十一県とした。田を整備してあぜ道を作り直し、賦税を平等にした。度量衡の単位を整えた。

商鞅が一連の施策のなかで、成人男子が親と同居し続けるのを禁じ、おのおのが自らの戸を持つように促したのは、ひとえに租税収入の増加を目指してのことだった。秦代の租税は大きく「租」と「賦」に分かれ、後者は「戸」を単位にして徴収されたので、成人した男子が独立して戸を構え、より多くの戸が登録されたならば、そのことがすなわち増収へとつながったのである。

二種類の租税のうち、「租」は耕地から得られた収穫物に対して課せられた。耕地の一割程度が「税田」とされ、そこで得られた農作物が、年ごとの作柄に応じて一定の割合で徴収されたようである。農作物の他、商行為による利益や天然資源の採取によって得られる利益への課税も、同じく「租」（ないしは「税」）と呼ばれた。

一方、「賦《ふ》」は各世帯に対して一律に課せられた。具体的には十月にまぐさが一石十五斤、五月に十六銭が「戸賦」として各戸から徴収された（岳麓〔肆〕118〜120）。「賦」はもともとは「兵役義務」を意味していたが、服役の代わりに軍事費として取り立てられた財物もまた「賦」と呼ばれるようになったのだとされる。いわば「一世帯に成年男子は一人」という原則の下、各戸に求められた軍事費負担が「賦」なのであり、この原則に反して一世帯に複数の成年男子がおれば、負担が加重されたわけである。

成人して父の世帯から離れ、自分の戸を構えたならば、「賦」の負担者となる一方で、田宅支給の対象ともされ、官からいくばくかの耕作地と宅地を受け取ることができた。たとえば、爵位を持たない「士伍」身分の者なら、一頃（約四万五〇〇〇平方メートル）の耕地が支給されることになっており、戦功を挙げて爵位を獲得した場合は、それに応じて支給される耕地も増やされた（二年律令310〜313）。独立して戸をなした者には、租・賦を負担するための経済的な基盤が、国から提供されたといえる。

このように説明すると、中国古代には厳密な土地の国有制度が行われていたかのように受け止められるかもしれないが、実のところこれは建前にすぎない。まず、耕地の世襲が認められていた。耕作者が他界しても、彼が耕していた土地を国に返す必要はなく、子供が後を継いで同じ耕地を占有し続けた。基本的に継承者は後継ぎとされた者一名に限られるが、その他の子が父の耕地の一部を受給することもできた（二年律令310〜313）。また、占有している耕地を譲渡・売買することも許されており、そうして土地を手放した者に対しては、再度の支給は行われなかった（二年律令321）。だから父親が耕地を売却してしまったら、後継ぎであろうとそうでなかろうと、実際問題として、息子たちは土地の受給をあまり期待できなかったことになる。

ただし何らかの理由で支給可能な官有地が生まれたら――犯罪者の財産が没収された場合、官によって新たに耕地が開墾された場合、秦の新占領地に移り住んだ場合、などが考えられる――、規定どおりに受給できていない者への支給が行われ、その際には戸をなした時期の早さや爵位の高下によって優先順位が決められたという（二年律令318）。「田一頃を支給する」というのは、あくまで「支給できる土地があれば」という条件つきだった。いうなれば、「あらゆる土地は君主のものである」という建前と、実際に行われていた土地の私有制度とが折り合いをつけて、従来どおりの土地の相続や売買を許容しつつも、官有のものとなった土地を税収や労働力確保のために君主が改めて分配したり、さらには軍功褒賞の原資として活用したりした、というのが当時の土地制度の骨組みであったと思われる。「あらゆる土地は国家のもの」である社会主義経済の下で、実際には土地や建物の使用権が高値で売買され、不動産バブルの起こっている現代の中国と、何だか似ていなくもない。

実際の家族生活

さて、ここまで「戸」「世帯」「家族」といった言葉を、同じような意味を持つものとして漫然と使ってきた。だが、これらは厳密にいえば互いに相違する。まず「戸」というのは制度的な術語であり、戸籍に一つの「戸」として登録されたグループのことを指す。いわば土地支給や徴税の単位として、人為的に区切られたまとまりである。一方で「家族」と言えば、それは血縁関係によって結ばれた人間集団のことをまず意味しよう。たとえ戸籍の上では別々の「戸」を形成していたとしても、実際には父母と成人した子供たち、さらにはその孫が、一つの「家族」として暮らしていることもありえただろう。さらに「世帯」という言葉のポイントが「生計を共にしている人々」という点にあるとしたら、そのなかには奴婢などの隷属者も含まれることになる。古代ローマの「ファミリア」もまた、同様に隷属者をも含んだ社会組織だった。従って、先に「喜の家族は六人くらい」と言ったのは、あくまで彼の属した「戸」についての話である。編年記には現れないものの、幼い喜の周りには祖父母がいたかもしれないし、また一族の財力からすれば、奴婢が共に暮らしていた可能性もある。

実際に喜がどのような家に住み、どのような人々に囲まれていたのかについては、残念ながらすでに紹介した以上の手がかりはない。だが睡虎地秦簡には、当時の家屋の姿や、居住者の暮らしぶりを彷彿とさせる史料がいくつか見える。まず封診式の、「封守」というタイトルの付けられた記事。

差し押さえ　郷嗇夫である某の爰書（公的な報告書）。某県の丞である某の文書に従い、取り調べられた者である某里の士伍、甲の家室・妻子・臣妾・衣器・畜産を差し押さえた。●甲の家と構成員。一つの敷地に二つの部屋があり、それぞれに入り口があり、部屋の屋根はいずれも瓦葺きで、大きな木材で作られている。門前に桑の木が十本ある。●妻は某といい、逃亡中で、差し押さえに出頭しなかった。●子で大女子の某、まだ夫はいない。●子で小男子の某、身長は六尺五寸。●臣の某と妾で小女子の某。●牡犬一匹。……（後略）……（封診式8～12）

「封守」というのは犯罪者の財産を差し押さえることで、右の史料は差し押さえに備えて、被疑者の財

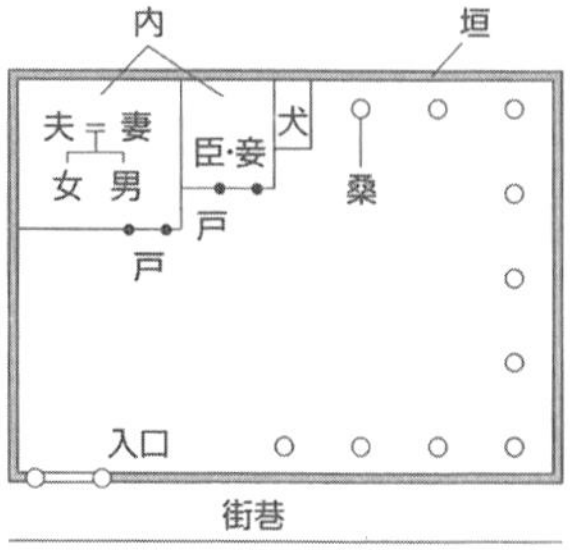

図８　「封守」に見える住居の構成

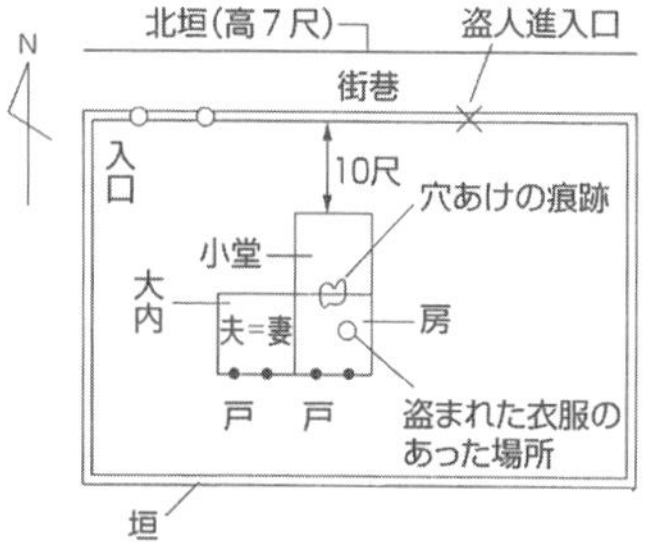

図９　「穴盗」に見える住居の構成

産を調査した際の報告書書式である。これによると「甲」には妻と二人の子供がおり、上の女の子は成人しているが未婚で、下の男の子は未成年であった。さらに男性奴隷（「臣」）と未成年の女性奴隷（「妾」）、牡犬一匹が彼と同居していた。小家族と隷属者二名からなる世帯だったのである。

甲の自宅は「一つの敷地に二つの部屋（「一宇二内」）」であったという。「宇」は宅地、「内」とは「部屋」――前方が吹き抜けになった「堂」ではなく、四方を囲まれた部屋――のことである。**図８**に示した復元案では、一つの建物が二部屋に分かれているものとされているが、その一方で「いずれも瓦葺きである」という描写をふまえれば、敷地内に二つの独立した建物があったのかもしれない。河南省内黄《ないこう》三楊荘《さんようそう》遺跡からは、塀に囲まれた敷地内に、中庭を中心にしていくつかの建物が配置された漢代の家屋が発見されている（**図10**）。

前項で少し触れたが、耕地とともに宅地も官府から支給されることになっていた。その面積は、無爵の士伍であれば三十歩（約四十メートル）四方で、こちらも爵位を得れば増額が期待できる。三十歩四方であっても宅地としては十分な広さで、家屋の他に菜園や桑畑、ある

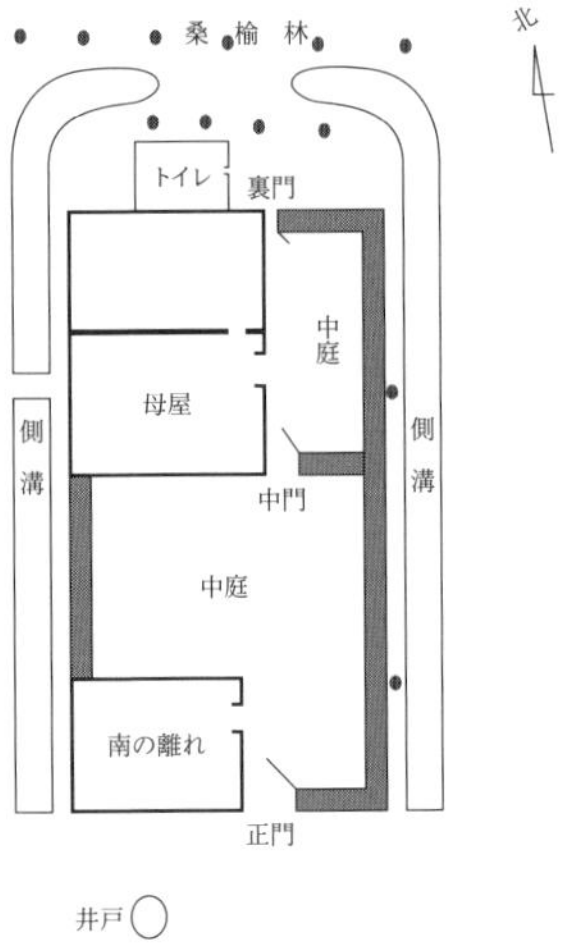

図10　内黄三楊荘遺跡の住居平面復原図（第三処庭院）

いは家畜を飼うスペースがそこに設けられたのだろう。

だが耕地と同じく、宅地支給も規定通りには行われていなかった。独立した「戸」を構えたとしても、宅地の支給がなかったならば、自力で宅地を購入するか、あいかわらず実家の敷地内に住み続けるかのどちらかである。岳麓簡には、一〇〇歩四方の「宇」を三人で分ける場合、どのように区切ればよいのかを示した計算問題が見える（岳麓〔貳〕「数」67～68）。限られた宅地を細切れにして、居住スペースが確保されていたのだろう。

塀に囲まれた空間

もう一つ、封診式には「穴盗《けっとう》」という題のついた書式が収められる。「穴盗」とは、壁に穴を開けて入ってきた盗人のことで、これはそうした窃盗事件が起こった際の、現場検証の報告書書式である。それによると、被害に遭った家は七尺の高さの塀（「垣《えん》」）で囲まれ、北側は道路（「巷《こう》」）に面していた。賊はその北側から塀を乗り越えて侵入したらしく、塀が少し壊れ、そこに足で踏み越えた跡が残っていたという。現場検証は非常に詳細で、賊の足跡から分かる靴底のサイズや模様、壁に穿たれた穴の大きさや形、盗まれた服がおいてあった棚の位置、その服の特徴に至るまで、事細かに記録されている。

この史料からも当時の家屋の造りが推測でき、かつそれが塀に囲まれていたことが分かる（図9）。塀の高さは七尺、つまり一六〇センチ程度だから相当に高い。賊が乗り越えたところに新しい損傷があったということは、土塀だったのだろう。

こうした住居がいくつか集まってできた最小の行政単位が、本書にもすでに出てきた「里」である。一つの里が一〇〇の「戸」によって構成されるのが原則だった（『続漢書』百官志本注など）らしく、秦代の法律でも、里内の人口が一〇〇戸を超過している場合は、一つの里を二つに分割することが認められている（岳麓〔肆〕295）。だが実際には、一里の戸数はまちまちだった。都市内部のように、限られた空間に住居が密集している場合には、ある程度のまとまりごとに人為的な区分けがなされることもあったのだろうが、そうでない場合には、自然に発生した集落がそれぞれ一つの「里」とされ、管理されたのだと思われる。もっとも、中国古代における「都市住民」は商人や手工業者だけに限定されない。農民の多くもまた、城壁に囲まれた集落内に集住し、そこから城外の耕作地へと赴いていた。

このように、多くの人々が集住し、周囲に城壁をめぐらした集落のことを「邑《ゆう》」という。邑の内部がいくつかの里に分かれている場合には、それぞれの里にも周壁がめぐらされていた。いわば中国古代の集落は、家屋の周壁・里の周壁・邑の周壁によって何層にも区切られていたことになる。居民は周壁に設けられた門を通って内と外とを行き来せねばならず、それが面倒だからといって勝手に塀を壊し、門を作るのは禁じられていた。

邑・里・官署・市場の建物の塀を乗り越えたり、もしくは故意に壊してそこから出入したりしたとき、および不正に門戸を開いたときは、いずれも贖黥（＝罰金一斤）。その塀が壊れていて高さ五尺未満であった場合は、罪を免除する。（二年律令182）

そして夜間には里の門は施錠され、その鍵は里典などの世話役が管理していた（二年律令305～306、岳麓〔肆〕299）。こうした禁令の存在は、何重もの周壁が居民を外敵から守るためではなく、彼らの行動を監視し、効率的に管理する目的で設けられていたことを知らしめる。

第二節　郷里社会のすがた

什伍組織

居民の最も身近にあった監視カメラは、隣人たちの「目」だった。民は五戸ごとに一つの「伍《ご》」として編成され、さらにそれを二つ合わせた「什」もつくられた。什伍は宅地を接する者同士の隣保組織であり、同時に相互監視・連帯責任のために、人為的に設けられた単位でもあった。伍のメンバーはお互いの暮らしぶりや行動を監視し、盗賊を働いた者や逃亡した者がおれば、それを官吏に報告する義務があった（二年律令305～306）。隣人の不法行為を知っていながら秘匿した場合はもちろん、たとえ知らなかったとしても連帯責任が問われ、刑罰に当てられることがあった。一例をあげるなら、集落全体で敵に寝返るような重大な犯罪行為が起こったときには、犯人と同じ伍の者（「伍人」）が知っていながら告発しなければ完城旦舂（重い労役刑）、まったく知らなかったとしても貲二甲（罰金刑）、と規定されていた（岳麓〔伍〕170〜172）。

そのほかに、虚偽の戸口申告や逃亡者の蔵匿、さらには違法な商行為や銭の偽造といった犯罪についても、それが発覚したならば、犯罪者本人のみならず伍人も連坐して罰せられた。ただし、これらの連坐はいずれも、隣人の罪にいち早く気づき、これを役人に告発した場合には免除された。それゆえに、罪に巻き込まれるのを避けようと、隣人が隣人を監視し、互いに告発しあうこともあったようで（法律答問96〜97）、当時はかなり居心地の悪い、密告社会であったかのようにも映る。

とはいえ、什伍は互助組織としての側面も備えていた。たとえば、孫が祖父母を、弟が兄を殴り、罵るようなことがあったなら、同居している者の他、里典や伍人もこれを役人に告発する義務があったようである（岳麓〔伍〕203〜204）。いわば什伍組織が、家庭内暴力の悪化を食い止める、セーフティネットの役割を果たしていたのである。次のような史料もある。

賊が甲の家に入り込み、甲を一方的に傷つけた。甲は「賊だ！」と叫んだが、その四鄰や、里典・里老はいずれも外出して不在にしており、「賊だ！」と叫んだのを聞かなかった。裁くべきか、それとも裁くにはあらたないか？　本当に不在だったたなら、裁くにはあたらないが、里典・里老は不在であったとしても、裁くのに相当する。（法律答問98）

「四鄰《しりん》」は「伍人」と同義で（法律答問99）、ここでは被害に遭った家以外の、伍のメンバーを指している。彼らがもしも自宅にいたなら、助けを求める隣人の家に駆けつけるのが、法律にも明記された義務であった。

良きにつけ悪しきにつけ、伍人は互いに固く繋がり合い、日々の苦楽を共にする。こうした結びつきが、戦場において役に立ったのだと言う史料もある。それによると、春秋時代の斉の君主である桓公《かんこう》（在位：前六八五～前六四三）も、彼の宰相であった管仲《かんちゅう》の献策を容れて什伍の制度を導入し、それによって伍のメンバーは固い絆を持つようになったので、夜戦の時にはお互いの声を頼りに、昼間は目配せだけで意思を疎通し、いざという時には仲間のために命をも投げ出したという（『国語』斉語、『漢書』刑法志）。実際のところ、秦においても軍隊の最小単位は「伍」であったのだが、これが平常時の「伍」と同じだったとは考えにくい。兵力の動員にあたって、一つの「伍」から五人の兵士をまとめて徴発するような制度は今のところ確認できず、個々に徴発した人員を、戦地であらためて五人組に編成するのが実情だったように見受けられるからである。とはいえ、こうした逸話の存在は、什伍の制度がもともとは、戦場において兵士たちを互いに助け合わせ、なおかつ見張り合わせる、兵員管理のための工夫に起源を持っていることをうかがわせる。

こうした什伍の制度によって、民の居住地選びにも縛りがかけられた。述べたとおり、民には宅地が官給される建前になっていたが、一方で耕作地と同様に、宅地を売買することも許されていた。だが宅地については、現有の居所と隣り合った土地でなければ、購入が認められなかった（二年律令320）。「伍」

のまとまりから漏れ出る世帯が現れるのを防ぐための措置であるに相違ない。その一方で、官吏は自由に住居を購入することができた。そもそも役人は伍人の罪には連坐せず（法律答問115）、伍制のなかで特別な地位を与えられていたからだろう。また五大夫（第九等爵）より上の爵位を持つ者も「伍」に組み込まれない（二年律令305）。官吏や高爵者は什伍組織の埒外に置かれていたのである。官吏となった「喜」の家も、あるいはこうした待遇を受ける側であったかもしれない。

里典と里老

什伍組織を取りまとめ、地方行政の最末端として機能していたのが、すでに繰り返し登場している「里」という行政単位であり、その世話役が、里典《りてん》と里老《りろう》であった。漢代には「里典」の代わりに「里正」が現れる。漢初の法律条文である二年律令において、すでに里の責任者が「正・典」と呼ばれているのは、その変化の兆しだろう。

秦代の規定（岳麓〔肆〕142～146）によると、里の戸数が三十戸以上であれば、里典と里老が一人ずつ選ばれた。その選出方法は居民の互選による。人望によるのか、それとも財力によるのか、ともかく里の人々により代表としてふさわしいと推薦された者が、その役目に就けられた。ただし人選に際しては条件があって、①年長者であること、②職務を果たしうるだけの能力があること、そして③爵位を持たない者であること、とされていた。①②はともかく、なぜ③の条件が付帯するのかはよく分からない。戦場で手柄をたて、爵位を獲得した者には、より多くの耕地が与えられる建前であり、また無爵者がこれを殴ったら、通常よりは重く罰せられた（二年律令28）。有爵者はおのずと地域社会のご意見番になりそうなものだが、里典・里老にはむしろ無爵者が充てられた。里典・里老には俸給がなく、それでいてさまざまな仕事に駆り出され、ミスをすれば罰せられたので、実のところ誰もが就きたがるような地位ではなく、有爵者はそれを「免除」されていたのかもしれない。

さらにいえば、一里の戸数が少ない場合には里典・里老が置かれず、隣接する里の典・老が兼任することになっていた。これは厳密に行われたらしく、里耶秦簡には、郷の役人が新しい里典を県に推薦したものの、人口が少ないという理由で却下されている事例が見える（里耶秦簡⑧157）。秦帝国の辺境でも規定が遵守されていたということと同時に、里典・里老の最終的な人事権は県が握っていたことが分かる。里典・里老は互選で選ばれたのだから、もちろん地元社会の代表者という顔を持っていただろうが、同時に彼らは行政機構の最末端に組み込まれており、地方統治のために政府が活用する手駒として、人為的に配置された管理責任者でもあった。

彼らの職務としては、たとえば戸籍情報の管理が挙げられる。里人のなかに引っ越した者や死亡した者がおれば、そのことが毎月報告されることになっていた（岳麓〔肆〕140～141）。また、治安維持も重要な職務であったことは、前項に引用した法律答問からもうかがえる（法律答問98　六七頁）。里人が「賊だ！」と叫んだとき、たとえ里にいなくても罪に問われたのだから、彼らは基本的に里に常駐し、万が一の異変に備える責任があるとされていたのだろう。

さらに大きな職責は、労役や賦税の徴収である。まず労役についていえば、労役人夫を作業場所に送り出す業務は、郷の責任者（「郷嗇夫」）と里典とが共同で行っていた（岳麓〔肆〕244）。上級の官署からは必要な人員の頭数だけが伝えられたのだろうから、実際に労役負担者の人選を行ったのは彼ら二人、とりわけ里人それぞれの事情をも熟知していた里典だったに違いない。

賦税の徴収については、その様子を伝える木簡が湖北省江陵鳳凰山一〇号漢墓から出土している。この墓の主は前一五三年頃に他界した「張偃《ちょうえん》」という人物で、いくつかの里の「正」を務めていた。出土した木簡のうちの一枚（四号木牘）には、「市陽里」と「鄭里」という二つの里から銭が徴収され、それを偃が郷の役人に手渡したという記録が見える。数次にわたる納付が記録されているが、最初の一行のみを挙げておく。

市陽里の二月の課税対象者は一一二人。一人あたり三十五銭で、計三九二〇銭。里正の偃が西郷嗇夫の偃と郷佐の纏に渡した。官吏の俸給。里正の忠から二四八銭を受け取った。

銭は用途ごとに、繰り返し徴収されており、市陽里の人々は二～六月の五ヶ月間で一人二二七銭を納めていた。各人からの徴収を実際に行ったのが里正、すなわち秦代には里典だったと考えられる。ただし不正を避けるためか、賦税として収められた銭を里典・里老が持ち歩くことはできなかったらしい（岳麓〔肆〕120）。封印された、貯金箱のような容器（「缿《こう》」「撲満《ぼくまん》」**図11**）が里典の家に置かれ、そこに投入された税金を官吏がまとめて回収する、といった情景が想像できる。

図11　缿（陶撲満）。陶製で、上部に長細い穴（スリット）がある。

里人のなかに税金滞納者がいた場合は、里典が肩代わりしていたのかもしれない。時代はずっと降って後漢の史料となるが、河南省偃師《えんし》県で発見された「漢侍廷里父老僤買田約束石券」という石刻からは、里の世話役である「父老」が財産額を基準にして選ばれていたこと、父老となる可能性のある者が何人か集まって「僤《たん》」（一種の互助組合）を作り、お金を出し合って耕地を買っていたこと、そしてもしメンバーの一人が父老となったなら、職務のために必要な経費はその耕地で得られる利益から捻出されていたこと、が知られる。経費がかさんでしまうのは、滞納分の肩代わりも必要だったからであろう。このころ（石刻が立てられたのは西暦七七年）には基層社会の階層分化が進み、かつて存在した住人同士の対等な絆が弱まって、代表者選出の基準が「人望」から「財産」へと変化していたのだ、ともいわれるが、事情は秦代においても、すでに同様だったのかもしれない。

里の風景

同じ里に暮らす人々には親戚同士も多く、また長らく近所づきあいを続けているうちに、家族同然の絆が生まれ、それが里内の秩序を形作っていたことだろう。一方で、すでに紹介したとおり、人口過密になった里が隔壁によって二つに仕切られ、別々の里とされることもあった（岳麓〔肆〕295）。新たに転居してくる者もおり、その報告が里典の職務であったことも、前項で述べた。里内の人口には、一定の流動性があったのである。

そうした住人たちが一つにまとまる重要な機会が、里内で行われる祭祀、およびそれに伴って開かれる宴会であった。里の中には「社」という祠があり、十二月の臘祭《ろうさい》（年末に神々や先祖に肉を捧げる祭り）の時などには、里人がそこに集まって肉を食らい、酒を飲んだ。漢の高祖、劉邦に仕えた軍師である陳平が、若い頃に里のお祭りで「宰」（料理人、ここでは肉を切り分ける係）を務め、祭肉を均等に切り分けて株を上げたというのは、よく知られた逸話である（『史記』陳丞相世家）。劉邦もまた、兵を挙げる際にはまず郷里の「社」にお参りしたというから（『史記』封禅書集解）、基層社会の人々にとって最も身近な祭祀の場とは、各自の里の「社」であったことが分かるだろう。

祭祀の他に、王朝にとって喜ばしい出来事があったときには、君主が民に酒肉を配り、大宴会を認めることもあった。秦代には、前二二一年に秦の強敵であった楚の南方領土を平定したとき、さらに翌年、斉を滅ぼして東方の有力諸侯国をすべて併合したとき、始皇帝が民に宴会（「大酺」）を許している。漢代になると、王朝の慶事に際しては爵位が広く賜与されるようになり、併せて「百戸ごとに牛酒」が配られることもあった。この「百戸」というのは、一〇〇戸から構成されるのが基本であった「里」のことを、具体的には指しているのだといわれる。王朝の慶事を、そして爵位を賜ったことを祝して、里ごとに宴会が開かれたのであろう。

みなが爵位をもらったのではなく、里人が何らかの手柄を立てて爵位を得たときにも、それにかこつけて宴会が開かれたらしい。秦代の法律では、従軍した兵士が爵位を獲得したとき、里内の他の住人が授爵者に銭や酒肉を出させ、飲食することが禁じられている（岳麓〔肆〕379）。なかば強制的な「授爵のお祝い」が、実際には広く行われていたことを推測させる。

　ともあれ、こうした共食儀礼を通じて、里の構成員たちは互いの絆を確かめあった。逆に、そうした宴席の輪に加えてもらえないのは、みながその者を仲間と認めていないという意思表示であった。封診式に次のような記事がある。

> 毒言。　以下が爰書である。「某里の公士である甲ら二十人が、里人で士伍の丙を連れてきて、くちぐちにこう言った。『丙は「毒言」の病に罹っており、われわれはこの者と飲食を共にしがたく、こうして告発いたします』と。ただちに甲らの名前・身分・本籍を木簡の裏側に箇条書きにした。●丙を訊問したところ、供述するには『外祖母で同じ里の丁という者が「毒言」に罹ったというかどで、三十年あまり前に強制移住させられました。私の家で祭祀があるとき、甲らを招いても、かれらは来ようとせず、またこれまで私を招いて飲んだこともありません。里で祭祀があるときは、私も里人や甲らと一堂に飲み食いしますが、いずれも私と杯や食器を共有しようとはしません。甲らや里人の兄弟、および私を知る他の者たちも、いずれも私と飲食を共にしたがりません。それでも私は毒など持っておらず、他に罪も犯していません』と。」（封診式91～94）

「毒言」という病気の正体は不明で、たとえば『論衡《ろんこう》』言毒には、その唾が人にあたると湿疹ができ、腫れて傷になる病気が紹介されているものの、単なる迷信かもしれない。いずれにせよ、母方の祖母と同じ伝染病を患っていると見なされた「丙」という人物は、宴席において、里人との対等な付き合いが認められていなかったのである。

単にその里で暮らしているというだけではなく、コミュニティの一員として、里の社会に加えてもらおうとするなら、それには里人たちの承認が必要だった。岳麓簡に見える裁判記録には、ある金持ちが自分の女奴隷を後妻に迎えた話が残っている（岳麓〔参〕案例⑦「識劫婉案」）。彼は女奴隷を解放して一般身分に戻したものの、官署に届け出て、彼女を妻として戸籍に登記する手続きは行っていなかった。今風にいえば「事実婚」である。一方で親戚には彼女を妻として紹介し、また里人たちにもそのことを告げていた。それをうけて彼女は里人と飲食を共にし、かつ「里僤賦」を支払うようになったという。この場合の「僤」は、先の「父老僤」とはやや異なり、葬儀費用を捻出するための互助組織だったらしい。「里僤賦」というのは、この組織のメンバーとして醵出する銭のことだろう。一種の「町内会費」を支払うことで、彼女は里の構成員として社会的に認定されたのだといえる。里は最末端の統治機構として、人為的に設けられた単位である一方で、その内部においてさまざまな結びつきを形成しており、地域社会の凝集力を生み出す核としても機能していたのである。

第四章　書記官への道

——教育制度——

三年、…八月、喜揄史。
【四年】、…十一月、喜除安陸□史。（編年記10・11、第二欄）
　始皇三年（前二四四）、…八月、喜は書記官の資格を獲得した（十九歳）。
　同四年（前二四三）、…十一月、喜は安陸県の□史に叙任された（二十歳）。

第一節　書記官の養成とその地位

役人生活のスタート

喜は数えで十九歳の年に、「史」に「揄《ゆ》」せられた。「史」とは書記官のことである。「史」という文字は、もともとは算木を入れるカゴを手に持った形を象ったもので、数を数えて記録しておくのをはじめとして、さまざまな「情報」を文字で書き記しておく役目の者であった。一方の「揄」というのはあまり見慣れない文字だが、同じような表現が次の里耶秦簡にも見える。

資中令史、陽里釦伐閲。　　　　□計。　　　　戸計。
十一年九月、隃爲史。　　　　年卅六。

爲郷史九歳一日。
爲田部史四歳三月十一日。
爲令史二月。
可直司空曹。
（里耶秦簡⑧269）

冒頭に見える「伐（＝閥）閲」というのは、功績や職歴のことであり、この簡は蜀郡資中県（現在の四川省資陽県）出身の「釦《こう》」という人物の履歴書にあたる。右の簡に記された彼の経歴を、キャリアに空白がないという前提でまとめると、次のようになる。

始皇一一年（前二三六）九月：「隃されて史となる」（二十二歳）
同年九月～二〇年（前二二七）九月：資中県の郷史になる。（二十二～三十一歳）
二〇年九月～二五年（前二二二）十二月：田部の史になる。（三十一～三十六歳）
二五年十二月～二月（以降）：令史に昇進する。
二五年二月以降：遷陵県に異動、司空曹の令史に。（三十六歳）

「釦」はまず故郷の資中県で書記官として働き、「令史」にまで昇進した後、はるばる遷陵県へと異動させられた。その際に作成された彼の履歴書がこの簡なのであろう。彼の経歴においても最初に「隃爲史」が現れ、これは「揄史」と同じだろう。「揄」という文字は「引く」という意味を持っているので、

「史」として「引き抜かれ」、官吏としてのキャリアをスタートさせる、というのが「揄史」の意味するところだと考えられる。「釦」の場合は二十二歳で「揄史」されており、喜よりも三年遅い。

ここで注意せねばならないのは、「揄史」＝「官吏として働き始めた」ではないという点である。ここでは単に「史」に揄されたとあるのみで、書記官としてどのような部署に配属されたのか、具体的なポストの名が記されていない。喜が「安陸県の□史」というポストを得、実際に勤務を始めたのは「揄史」から三ヶ月後のことである（当時は十月で年が改まる）。従って正確にいえば、「揄史」は「書記官になった」ことではなく、「書記官の資格を得た」ことを意味するのだろう。そうした資格認定の関門として準備されていたのが、文字知識の水準を問う書記官登用試験であった。

書記官登用の試験

二年律令には書記官の養成とその登用試験について、次のような規定が見える。

史や卜の子は十七歳になったら勉強を始める。史や卜や祝の学生（「学童」）は三年間勉強したら、「学佴《がくじ》」という役人に引率されて太史・太卜・太祝のところに、郡の史の学生は郡守のところに出向き、いずれも八月一日を期して試験を受ける。（二年律令474）

史の学生に対しては十五篇の試験を行い、五千字以上を読み書きできて、はじめて「史」とすることができる。さらに八体でもってこれに試験を行い、郡はその八体を送って、太史のもとで審査する。太史は成績を読み上げ、最優秀の者一人を採用して県の令史とし、最下等の者は史としてはならない。三年に一度、あわせて審査を行い、最優秀の者一人を採用して尚書卒史とする。（二年律令475～476）

書記官を志す者は十七歳で本格的な勉強を始める。「卜」（甲骨占いを掌る者）や「祝」（祝詞を掌る者）についても同様である。彼らは三年にわたって知識の習得に努めた後、二十歳の頃に登用試験を受ける。首都圏で暮らす者は太史、つまり中央官署のなかの書記官の総元締めのところに、地方の郡に所属する者は郡の長官である郡守のところに赴き、そこが試験会場となる。試験日は毎年の八月一日に設定されており、喜が八月に、釦が九月に「揄史」されているのはこれと符合する。

図12　さまざまな書体

試験ではより多くの文字を暗記しているかどうかが問われ、その基準は「十五篇」に記された「五千字以上」であった。「十五篇」とは『史籀《しちゅう》』十五篇のことだといわれている。これは西周の宣王の太史であった「籀」という人物の手になる文字学習の書で、大篆《だいてん》という古い書体で書かれていたとされるが（『漢書』芸文志）、実際にはどのようなテキストだったのか、分かっていない。「五千字以上」というのも、五〇〇〇以上のそれぞれ異なる文字のことなのか、それとも五〇〇〇字以上の長さを持つ特定のテキストなのか、はっきりしない。実のところ、これと同じような規定が『漢書』芸文志や『説文解字《せつもんかいじ》』序にも見えるのだが、そこでは暗唱すべき文字が「九千字以上」に増加している。現存する中国最古の字書である『説文解字』に収められた文字数が九三五三字だというから、もしも「それぞれ異なる文字を九千字以上」であれば、ほとんど「あらゆる文字の暗記」が求められていたことになる。

二年律令の場合、五〇〇〇字以上を読み書きできれば「史」とされた。ここでいう「史」とは、先に述べた「書記官の資格」のことである。ただし試験はそれで終わらず、さらに「八体」のテストが待っていた。

「八体」というのはさまざまな書体のことで、一説によると大篆《だいてん》・小篆《しょうてん》・刻符《こくふ》・蟲書《ちゅうしょ》・摸印《ぼいん》・署書《しょしょ》・殳書《しゅしょ》・隷書《れいしょ》の八種類である（『漢書』芸文志注）。わが国では判子に彫られた古めかしい書体としておなじみの「篆書」、より省略された簡便な書体である「隷書」のほか、割り符（「刻符」）用の、あるいは印章（「摸印」）用の特別な書体もあったらしい（図12）。「八体」の試験答案はすべて中央の太史のもとに集められ、採点され、最優秀の者は県の「令史」に抜擢された。後で述べるとおり、「令史」は書記官の中でもより上位の者で、長官官房で勤務する書記である。一方で、最も成績が悪かった者は、書記官の資格が取り消された。

最後に、これら毎年の試験に加えて、三年に一度の総合試験（原文は「并課」）が設けられていた。これは過去三年間の成績優秀者を対象としたものだろう。そこでも最優秀とされた者は「尚書卒史」とされた。「卒史」は通常、県より一つ上の郡レベルの官署で働く書記官なので、いきなりこのポストを与えられるのは、まさに大抜擢である。

さて、喜の成績はといえば、彼が最初に与えられたポストは令史でも卒史でもなかったようなので（「□史」の「□」のところは判読できず、丞史・獄史・邸史など諸説あるが、令史と読む研究者はいない）、残念ながら首席で合格とはいかなかったようである。とはいえ通常よりも一年早く、十九歳で試験をパスしたのだから、それなりに勉強熱心な学生であったのは間違いないだろう。

書記官の養成

前項ではあえて触れなかったが、二年律令474において「十七歳で勉強を始める」とされていたのは、「書記官の子」であった。どうやら書記官という「職業」は基本的に世襲であり、書記官の子は成長したら、父親の後を継いで書記官を目指すものだったらしい。それどころか、書記官の子供以外の人間がその地位を目指すことは、むしろ制限されていたようである。

「史」の子でなければ、「学室」で勉強してはならない。この規定に違反する者は罪に当てられる。

（秦律十八種191）

図13　睡虎地四号秦墓出土の墨（左）と硯（右。上に載るのは墨を押さえて擦るための石）

「学室《がくしつ》」とはどのような施設なのかははっきりしないが、先に登場した「学佴」が教官を務めているような、特別な教育の場かと想像される。ここで学ぶことができたのは書記官の子供だけで、他の者の入学は認められていなかった。学室で学ぶことが書記官となるための近道だったとしたら、書記官の地位は特定の家柄の者によって、代々独占される傾向にあったといえるだろう。

事情は甲骨占いを掌る者や祝詞をあげる神官も同じだったようで、このように代々世襲される特定の官職を「疇官《ちゅうかん》」という。疇官の家に生まれた者は成人に達すると、父親の職務について学び始め、「学師」がいればその指導を受けたという（二年律令364〜365）。専門知識を必要とする職掌は、世襲によって継承される仕組みだったことが分かる。従って、確証には欠けるものの、喜の父親もまた書記官であった可能性が十分に考えられる。睡虎地一一号墓と同時に発掘された四号秦墓からは墨と硯が出土し（**図13**）、また後で紹介するとおり木簡も見つかっている。喜の親族に、識字力を身につけた者が他にもいたことは恐らく間違いない。

学室で学ぶ書記官予備軍は、いくつかの特別な待遇を受けた。まず原則として、徭役の徴発対象からは外されていた。

傜律。傜役労働として徴発するにあたって、有爵者以下の、人の弟子・復子に到るまでの者を動員するときは、必ず所轄の執法（司法官の一つ）に前もって申請し、郡ではそれぞれその郡守に申請し、いずれも作業内容および使役する人夫の延べ人数を上申し、勝手に動員してはならず、…。もし穀物を運搬するのであれば、敖童の十五歳以上の者と、まだ傅籍されていないうちから学室で学んでいる書記官の子とを徴発し、穀物の運搬業務にあずからせる。（岳麓〔肆〕156～158）

右の条文では、穀物輸送に限って学室で学ぶ者の徴発が許されている。軍糧輸送など、一刻を争う重要な用務では特別に動員されたものの、通常は徴発対象ではなかったのだろう。右の条文には「弟子」という身分の者も現れているが、これもまた、「学師」や「学佴」の指導の下で学んでいる学生ではないかと推測されている。こうした「弟子」たちを必要以上に使役することもまた、法律で禁止されていた（秦律雑抄6～7）。

書記官への特別待遇は官吏として働き始めた後の、人事異動の仕組みのなかにも見てとれる。規定によると、「史」や「卜」の叙任権を握っていたのはそれぞれ「太史」と「太卜」という中央官で、彼らが取り決めた人事を県の役人が拒否することはできなかった（二年律令482～483）。たとえ県の官署で働く者であっても、県が自らの判断で書記官を任免することはできない建前だったようである。あたかも、世襲により文字知識を独占する者たちが、他者の容喙を認めない排他的な世界を作り上げていたかのように映る。

実際の書記官任用

確かに「文字を書く」という技能は、占い師や神官の技能と同じく、かつては特別な人間だけが身につけているものだった。中国で最もよく知られた「史官」であろう司馬遷《しばせん》も、「文史星暦（文字・天文・暦学）などは卜・祝に近く、もとより君主が弄ぶもの」だと述べていて、史官の地位は占い師や神官と一括りにされていた（『漢書』司馬遷伝「報任少卿書」）。文字の発明された理由が、神の意志である占いの結果や、神に伝えるべき祝詞を記録しておくためだったとしたら、古文字学者の白川静が聖書の一節になぞらえて言うとおり「文字は神とともにあり、文字は神であった」のだろう。

しかし、文字の「神秘性」に支えられた書記官の特別な地位が、秦漢時代に至ってもかつてと同じように尊重されていたかといえば、それはいささか考えにくい。先に引用した司馬遷の言葉も「…もとより君主が弄ぶもので、俳優のような連中すらこれを召し抱え、世間からは軽んじられています」と続いている。専制君主体制が成立し、統治のために文書行政を整えるなかで、君主の手足となる書記官の需要は高まり、特定の人間集団が世襲によってその需要に応えることは、はやばやと不可能になっていたに違いない。

秦の時代、書記官の供給源はすでに多様化していた。

置吏律。県が無秩の小佐（定まった俸禄のない下級官吏の一つ）を叙任するときには、それぞれその県の中の者から叙任し、いずれも不更以下から士伍に到るまでの、「史」の資格を持つ者を選んで叙任する。足らなければ、君子の子・大夫（第五等爵）の子・小爵（未成年が特別に帯びる爵位）を持つ者、および公卒・士伍の子で年齢が十八歳以上の者を追加叙任して定員を充足させる。新占領地の民であれば強制してはならず、年齢が六十を超える者を佐としてはならない。（岳麓〔肆〕210～211）

原則は原則としてなおも存在し続けており、下級の書記官である「佐」に欠員が出れば、書記官の資格を持つ者から後任を選ぶのが基本であった。その中には、学室で学んだ書記官の子供が多く含まれていたに違いない。しかし有資格者だけでは足りない場合は、良民の子のなかから適任者が選ばれた。その際、資格の有無が問われることはなかったのであろう。こうして「佐」の地位を得た者が、さらに経験を積むと「史」と同じように扱われた。

能力の劣った役人やまだ勤務日数が少ない佐を勝手に史・卜としてはならない。（二年律令482）

勤務のなかで十分な専門知識を身につけていたならば、本来なら登用試験に合格した者が就けられるようなポストを、手に入れることもできた。エリート教育を受けた書記官以外の、いわば「たたき上げの書記官」が官署の業務を支えるようになっていたのである。

こうして世襲制の垣根が取り払われると、書記官の地位は他の職業と同じように、希望すれば選びうる選択肢の一つとなった。睡虎地秦簡の日書には、「星」という表題のついた占いが見える（日書甲種68

―1～80―1）。そこでは「角《かく》」「営室《えいしつ》」といった二十八宿（天球を二十八に区分した各エリア）の名称が挙げられ、それぞれの星の下に生まれてきた子供がどのような運勢をたどるのかが記されている。そのうち、たとえば「営室」や「奎《けい》」に該当する男の子は、将来「吏になる」とされている。「役人になる」という選択が、親の職業とはまったく関係しなくなっていたことが分かるだろう。

ただし、蛇足ながら付け加えれば、「役人になる」という選択肢は、常に望ましいものではなかったらしい。特に秦の領土が急拡大し、ともすれば故郷から遠く離れた部署に異動させられかねない状況下では、「史」になりたがらない者も少なくなかった。前二一八年に下された詔勅によると、関中（函谷関や武関などの、旧秦の領域を守る関所の西側。拡大以前の秦の領土）の「史の学童」八四一名が試験を受けたものの、一一一名が不合格（「不入史」）だった。そのうちの大半が、実は「官吏となるのを嫌った」者だったらしい（岳麓〔陸〕252）。前後の簡の繋がりがはっきりしないのだが、どうやらそもそもこのときの試験は、ウソをついて役人を辞めた者の欠員を埋めるために行われたもののようである。領土の拡大をうけて、秦の役人を支配の先兵として新占領地に送り込む必要があったのだが、派遣される候補の側は遠方への転任を避けようと、官吏としての地位そのものを投げ出すことすら辞さなかったのだろう。

官吏になりたがらないのは、征服された側の人間も同じであった。先に引いた岳麓〔肆〕210～211には、新占領地の民をむりやり「佐」にしてはならない、とある。秦の支配に不服を抱く者を、統治機構の内部に組み込むのを避ける、というのがその理由だろう。現地採用ではなく、秦の旧領土の人間が送り込まれたのも、これと同じ理由に因っているに違いない。だが、その方針が秦人の官職忌避につながり、さらなる人手不足を生んでいたのである。

第二節　知識習得の場とテキスト

文字学習の場

さて、書記官を目指す者には、そのための学習の場が設けられていた。では、それ以外の一般人には文字学習の機会がなく、従って彼らはまったく文字が読めなかったのだろうか。

確かに、前近代中国の識字率は高くない。一九三〇年に毛沢東が江西省南部で行った調査によれば、文章が書ける人間の比率はたったの一パーセントに過ぎなかった。とはいえ、残る九十九パーセントがまったく文字を読めなかったわけではない。「二〇〇文字知っている」という条件なら二十パーセントまで増え、わずかでも文字を知っている者は全体の四十パーセントだったという。中国古代においても、一握りの官僚やその予備軍たる知識人以外にも、たとえ低水準であれ、いくばくかの識字力を備えた者が市井の人々の間に暮らしていたに違いない。

たとえば、『漢書』食貨志には中国古代の「初等教育」のカリキュラムが紹介されている。それによると、冬がくると人々は村に入り、子供たちは「序」という初等学校で勉強を始める。八歳で「小学」に入ると、六甲（六〇干支）や五方（各地の地理や地名）、書き取りや計算（「書計之事」）を学ぶ。十五歳になると上級の「大学」に入り、そのなかで優秀な者は「庠序《しょうじょ》」という学校や、さらには国都の「少学」

へと進学していったという。
もちろん、これは太古に行われていたとされる理想の制度であって、実際にこうした教育施設が、基層社会のあちこちに存在していたわけではないだろう。だが辺鄙な農村はともかくとして、相応の人口を抱えた聚落であれば、これに類する教育の場が存在したのではなかろうか。時代はずいぶん降って後漢の初め頃のことになるが、王充《おうじゅう》という人物が自分の幼い頃受けた教育を次のように振り返っている。

建武三年(西暦二七)に私は生まれた。……六歳で書き取りの勉強を始めた。慎み深く素直で、お行儀もよく、折り目正しくて大人しく、大きな志を抱いていたので、父に笞打たれたことも、母に叱られたことも、近所の者にとがめられたこともなかった。八歳になると書き取りの学校(「書館」)に入った。そこには子供が一〇〇人以上おり、間違えると服を脱がしてぶたれ、あるいは字が汚ければ鞭を食らったが、私の書き取りは日に日に上達し、間違うことはなかった。書き取りを学び終えると、言葉の先生(「辞師」)から『論語』『尚書』を教わり、一日に一〇〇〇字を暗誦した。(『論衡』自紀篇)

王充の祖父は商人で、父もその家業を継いでいた可能性が高い。幼い王充に最初に文字の手ほどきをしたのはその父親のようで、彼は商売に必要なだけの文字知識を備えていたのだろう。父に笞打たれることもなく基礎を固めた王充は、やがて「書館」に通い始めた。ここで一緒に机を並べた子供たちの学習意欲は、お世辞にも高いとはいいかねる。この「書館」は、官吏や学者を目指す子供が通う「進学塾」ではなく、一定程度の文字知識を身につけさせるのを目標とした、寺子屋のような場所ではなかったか。群を抜く秀才だった王充は、やがて首都の太学《たいがく》にまで進学し、郡や県の役人となったものの、これは彼の父親が思い描いていた息子の未来とは、ちょっと違っていたかもしれない。

文字学習の教科書

このような「書館」で、基層社会の人間に必要最低限の文字知識を教授していたのが、次の史料にみえる「閭里の書師――横町の先生――」であろう。

『蒼頡《そうけつ》』七章は、秦の丞相李斯《りし》が作ったものである。『爰歴《えんれき》』六章は、車府令の趙高《ちょうこう》が作ったものである。『博学《はくがく》』七章は、太史令の胡母敬《こぼけい》が作ったものである。文字の多くが『史籀篇』から取られていたが、篆文の書体はいささか異なり、いわゆる秦篆というものである。この時に初めて隷書が作られた。官獄では仕事が多く、とりあえず文字を簡単に省略するようになり、この書体を徒隷に教えたことから始まったのである。漢が興ると、閭里の書師は『蒼頡』・『爰歴』・『博学』という三篇の字書を一つに合わせ、六十字ごとに一章とし、全部で五十五章にまとめ、『蒼頡篇』を作った。

(『漢書』芸文志)

ここには彼らが文字教育に用いたテキストとして『蒼頡』・『爰歴』・『博学』の三種、およびそれらをまとめた『蒼頡篇』が現れる。『蒼頡篇』はやがて失われてしまうが、二〇世紀に入って、中国西北地域で発見された木簡のなかから、『蒼頡篇』を書写したものが見つかった。さらに近年公表された北京大学蔵西漢竹書には、総計八十七簡に及ぶ『蒼頡篇』のテキストが含まれており、その内容がより詳しく知られるようになった（図14）。

北京大学の『蒼頡篇』は四字一句で構成され、二句ごとに脚韻が踏まれる。全体がいくつかの章に分かれ、章の冒頭には章題が、末尾には各章の字数が書かれていた。章ごとの字数は「百五十二」であったり「百廿八」であったりと一定せず、『漢書』芸文志で紹介されている、一章六十字に統一されたテキストとは体裁を異にしている。

各章のテキストは「羅列式」と「陳述式」に分かれる。「羅列式」の方は、字義の近い文字や関連のある語を並べる形式で、たとえば「室宇」という題の章では「室宇邑里、県鄙封彊。径路衢術、街巷垣蘠。」（53簡）という具合に、建物・道路・周壁などの呼称がひたすら羅列されている。一方の「陳述式」は意味のある文章で、たとえば「漢兼」章の冒頭は次のように始まる。

漢兼天下、海内并廁。胡無噍類、菹醢離異。戎翟給賨、百越貢織。飭端脩灋、變大制裁。（漢が天下を併合し、世界は一つになった。匈奴に生き残りはおらず、塩辛にされて散り散りになった。戎狄《じゅうてき》（南方の異民族）は税を納め、百越（〃）も布を貢納するようになった。まつりごとを整えて

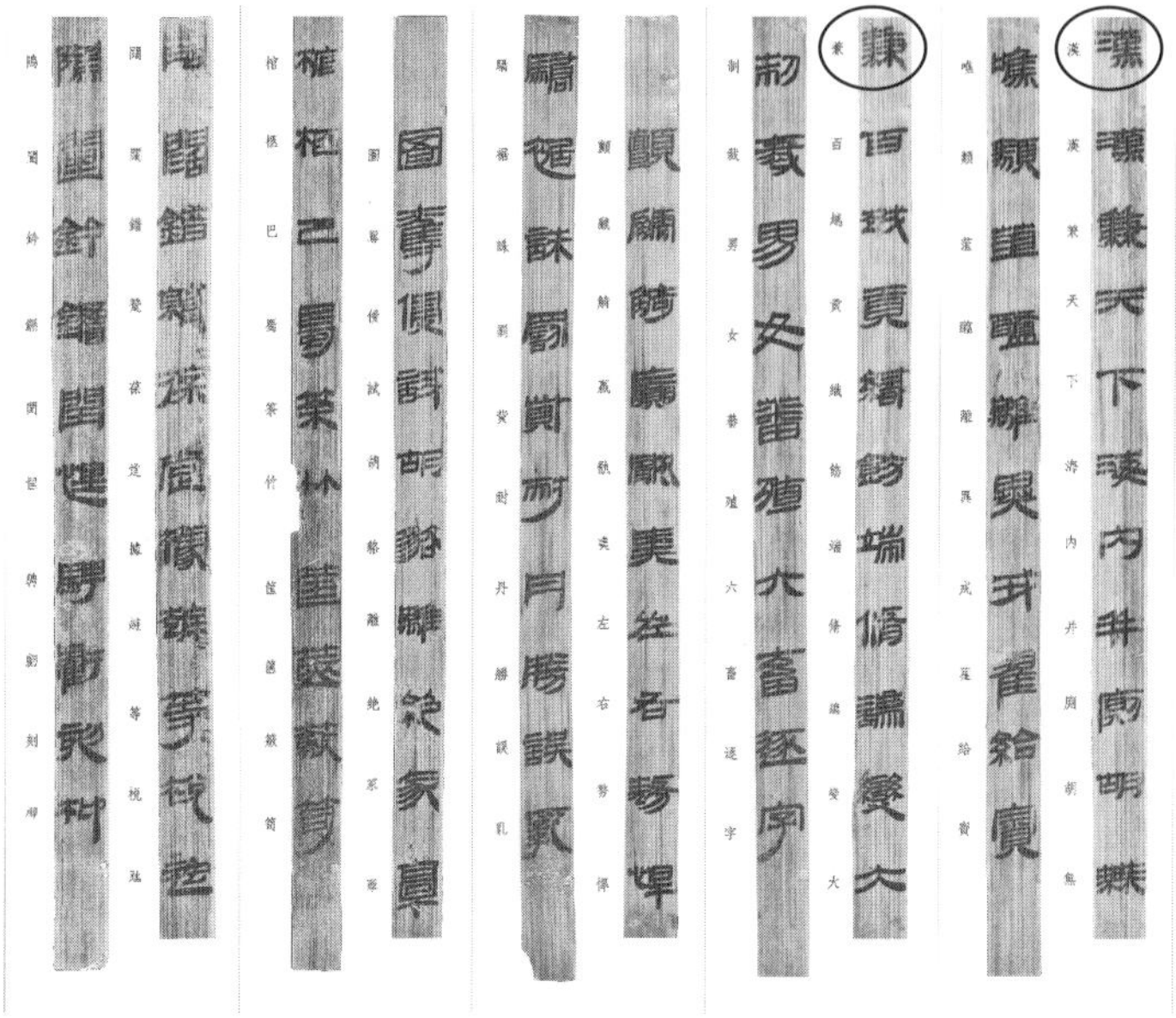

図14　北京大学蔵西漢竹書『蒼頡篇』
（一本の簡の上半と下半を左右に分けて並べている）

法を整備し、柔軟に裁定を下した。」（８～９簡　**図14**の右端二簡。丸で囲んだ部分は章題）

このように、陳述式の場合は政治的プロパガンダや歴史知識が内容に織り込まれており、識字教育の書であると同時に、民を教化するという役割も果たすものであった。

さて、この北大簡『蒼頡篇』には「漢が天下を併合し」とあるので、漢の時代に書写されたテキストであることは間違いない。その一方で注目されるのは、右の引用中の「飭端」という語である。これは本来「飭政――まつりごとを整える――」とあったのを、「飭端」に書き改めたのだとされている。

改められた理由は、始皇帝の本名（「諱」）が「政」だったことに因る。確かに始皇帝の時代のテキストでは、「正（政）月」が「端月」と書かれることがあり、「正・政」の代わりに、意味が似ている「端（とのう）」字が用いられていた。もしもこの推論が正しければ、『漢書』芸文志の言うとおり、『蒼頡篇』のルーツは秦代、それも始皇帝が即位する以前にまで遡ることとなる。

秦代の識字教育は？

『爰歴』・『博学』の作者とされる趙高と胡母（毋）敬も秦人であり、これらの書も『蒼頡』と同じく秦代に書かれたことになっている。この記述に信憑性があるのなら、秦代にはすでに識字教育がずいぶんと一般化しており、そのための教科書も各種存在していたことになる。

だが秦代の、一般人をも含む人々への識字教育については、ほとんど何も分かっておらず、むしろ知られているのは、この時代には一般人への教育は奨励されていなかった、という言説である。有名な始皇帝の「焚書」の詔勅を引用しておく。

丞相の李斯がいうには「…史官の書物で秦の記録でないものは、すべてお焼き下さい。博士官が職務として持っているものを除き、天下の者が不届きにも詩・書・諸子百家の書を所蔵しておれば、ことごとく郡守・郡尉のところに持ってゆかせ、共同でこれを焼かせます。不届きにも詩・書を二人で語り合う者がおれば、棄市とします。昔のことを取り上げて今を非難するならば、一族皆殺しとします。役人が見知っていて咎めなければ、同罪です。命令が下ってから三十日たっても焼かなければ、黥城旦。廃棄しないのは、医薬・卜筮・種樹の書です。もし法令を学ぶ機会が欲しければ、役人を教師といたします」と。制して曰く「よろしい」と。（『史記』秦始皇本紀）

ここでは民間にある書物のうち、実用書を除くすべての本、とりわけ儒教の経典を焼くように命じられ、さらに「法令」を学ぼうとする者は、役人を先生にする（「以吏為師」）こととされている。ちなみに『史記』李斯列伝に見える同じような文章には「法令」の二字がないので、法律に限らず、医学をはじめとした諸々の知識を得たいなら、官署に赴いて役人に習え、という方針だったことになっている。政府批判をも含みうる民間での議論を抑制するため、「百姓を愚かにする——一般人を知識から遠ざける——」（李斯列伝）政策がとられたのである。

右の詔勅が下されたのは始皇三四年（前二一三）のことだから、それ以前の状況は異なったのかもしれない。だが実のところ「以吏為師」という提言は、李斯もその一人である法家の学者たちに共通して見られるもので、商鞅や韓非《かんぴ》も同じようなことを主張している。喜が生きた時代にもすでに、民間での教育を押さえつけ、実学のみを重んじる風潮が秦の社会を厚く覆っていたかもしれない。

とはいえ、世の中が実学一辺倒に傾いていたわけでもないことが、睡虎地秦簡からうかがい知れる。「為吏之道」という表題のついた、官吏の心得を説いたこのテキストでは、あたかも儒教の経典と見まがうような、「忠」「孝」の尊重が唱えられている

●凡為吏之道、
必精絜（潔）正直、
慎謹堅固、
審悉毋（無）私、
微密韱（纖）察、
安静毋苛、
審當賞罰、
嚴剛毋暴、
廉而毋刖、

…

●戒之戒之、材（財）不可歸、
謹之謹之、謀不可遺、
慎之慎之、言不可追、
綦之綦【之】、食不可賞（償）。
術（怵）悐（惕）之心、不可【不】長。
以此為人君則鬼、
為人臣則忠、

およそ役人たるの道は
必ず清廉潔白で、
慎み深く意志は固く、
きちんと無私の心を尽くし、
ささいなことも細かく調査し、
落ち着いて苛立つことなく、
きちんと賞罰を引き当てる。
厳格であっても荒々しくなく、
角を立てても断ち切ることなく、

戒めよ戒めよ、財は戻ってこない、
謹めよ謹めよ、謀は漏らしてはいけない、
慎めよ慎めよ、言葉は取り返しがつかない、
忌めよ忌めよ、食べたら償えない、
戒め懼れる心は、伸ばさない訳にはいかない、
かくして、人の君主となれば恵、
人の臣下となれば忠、

為人父則茲（慈）、　人の父となれば慈、
為人子則孝、　人の子となれば孝、
…

に相違する。

秦代には儒教が弾圧され、儒教が重んじるところの家族道徳よりも、法律の厳密な適用が優先された、というイメージがあるかもしれないが、これは後代の人間が作り上げた偏見であって、現実とは明らか

ところで、「為吏之道」のテキストを眺めてみると、『蒼頡篇』と同じく四字一句を基本としていることが分かる。さらにところどころ、脚韻を踏んでいる箇所もある（○、●、△を添えた文字）。従ってこのテキストは黙読されたのではなく、声に出して読み上げ、さらには暗誦することを前提に書かれたものなのである。つまりこのテキストは、役人たるの道を学ぶために読まれたというよりも、実際には暗誦して文字を覚えるために用いられたのだ、という可能性が十分に考えられる。

すでに述べたように、「為吏之道」の末尾近くには、唐突に魏の安釐王《あんきおう》二五年（前二五二）の紀年を持つ、魏の戸律・奔命律が書き込まれている。時に秦の昭襄王五五年、喜は数えの十一歳である。このテキストで文字の勉強を始めた喜が、どこからか手に入れた隣国の法律を、テキストの余白に書いて手習いをした、といった情景が何となく目に浮かんでくる。その後も書記官となるために、喜はさまざまなテキストを読み進め、暗誦を繰り返したに違いない。だが死を前にして家族に遺言し、特に書架から取り出

して棺に納めさせたのが、幼い頃にひもといた、この思い入れのある一篇だったのかもしれない。

第五章　役人生活の始まり

——地方行政制度・裁判制度——

【四年】、…十一月、喜除安陸□史。
六年、四月、爲安陸令史。
七年、正月甲寅、鄢令史。
十二年、四月癸丑、喜治獄鄢。（編年記11・13〜14・19、第二欄）

始皇四年（前二四三）、…十一月、喜は安陸県の□史に叙任された（二十歳）。同六年（前二四一）四月、安陸県の令史となった（二十二歳）。翌七年（前二四〇）、正月の十二日に鄢県の令史となった（二十三歳）。一二年（前二三五）、四月十一日に喜は鄢県で裁判を担当するようになった（二十八歳）。

第一節　官吏のキャリアと地方官府の構造

喜の昇進ぶり

二十歳で書記官のポストについた喜は、その二年後には「令史」に昇進している。さらに翌年には安陸《あんりく》県から鄢《えん》県に異動し（**図15**）、そこでも令史を務めた。これは標準的な昇進だったのか、それともかなり順調な出世ぶりだったのか。同時代の、他の役人の履歴書をいくつか紹介してみよう。

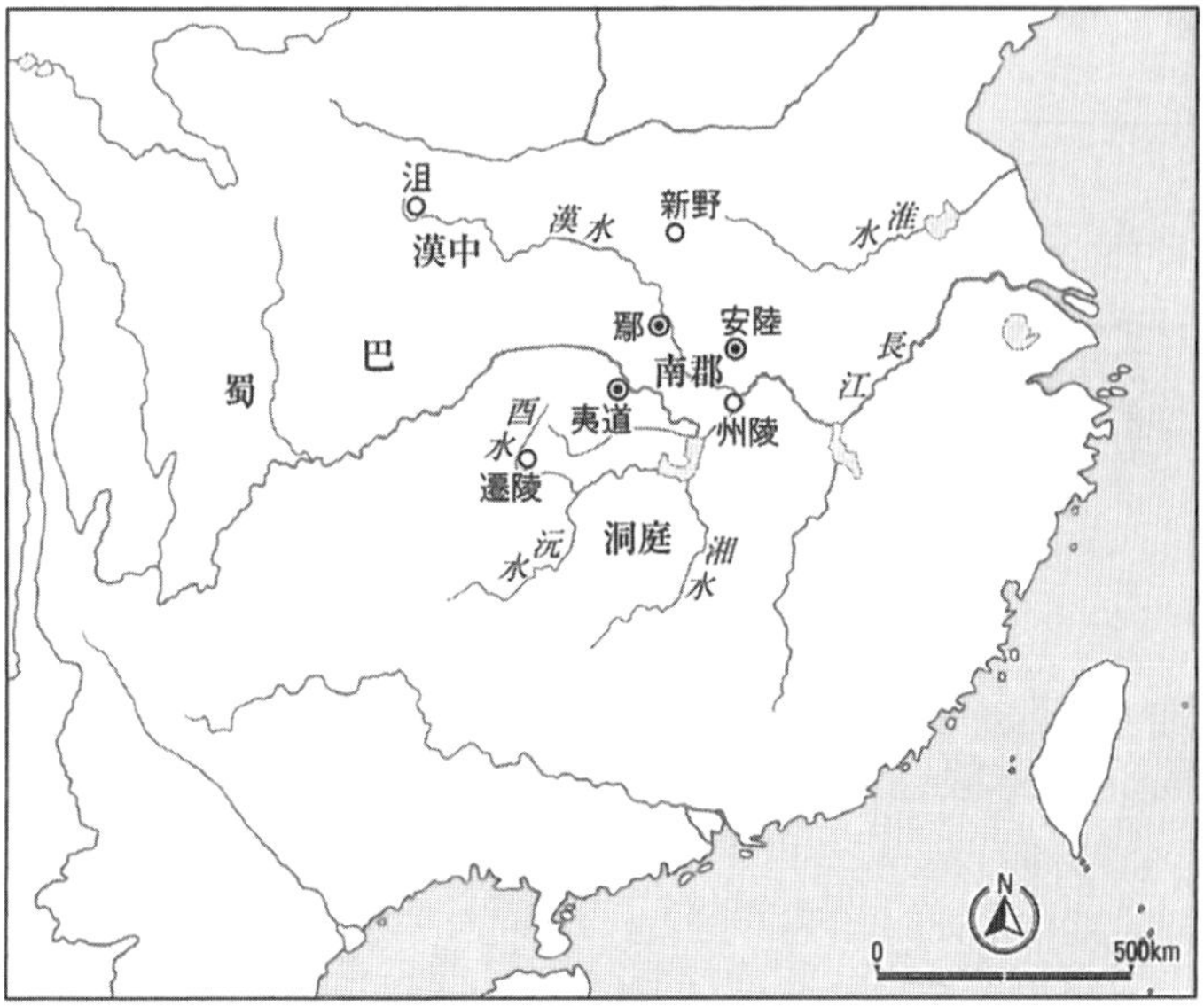

図15　睡虎地秦簡関連地図

まずはすでに登場した「爽」という人物（第二章第二節）。彼の名前は、出土地が不明の岳麓簡に現れるので、どのあたりで暮らしていた者なのかは正確には分からない。だがおそらくは喜と同じく、南郡の官吏だったと思われる。彼の経歴は次のとおり。

爽は初めて年齢を申告した時には十三歳、始皇二六年までに二十三歳になった。（『文物』二〇〇九年第三期、0552）
二四年十二月丁丑（十三日）、初めて司空の書記となった。（〃0687）
二五年五月壬子（二十六日）、異動して令史となった。（〃0625）
三〇年十一月、爽は（令史になって）五年以上となった。（〃0418）

年齢申告の徹底が図られた始皇一六年に十三歳だったのだから、爽は始皇四年の生まれで、喜よりも十九歳年少である。彼が「司空史（官有労働力を管理する部署の書記）」として官歴をスタートさせたのは二十一歳のときのことで、翌年二十二歳で令史に昇進している。こうした爽の経歴は、喜のキャリアとあまり変わらない。

一方で、令史となるまでにずいぶん時間のかかった者もいる。前章で紹介した資中県出身の「釦《こう》」がその例で、彼は二十二歳で書記官の資格を手に入れたものの、その後「郷史（郷の書記）」を九年間、「田部史（聚落周辺の耕作地を管理する部署の書記）」を五年三ヶ月務めた後、三十六歳でようやく令史となっている。同じように時間のかかっているケースが、もう一つ里耶秦簡に見える。

⧄□　凡作……
⧄□　為官佐六歳
為県令佐一歳十二日
為県斗食四歳五月廿四日
為県司空有秩乗車三歳八月廿二日
守遷陵丞六月廿七日
凡十五歳九月廿五日凡功三」三歳九月廿五日

□□□郷廿二年□□
□功二
労四」三【歳】九月廿五日
●□凡功六三歳九月廿五日
□□遷陵六月廿七日定□□八月廿日
□□可□属洞庭
□五十歳居内史七歳□□

（里耶秦簡⑩15）

残念ながら簡の上部が折れていて、この人物の名前は分からない。一番下の第三欄にも釈読できない文字が多く、そのあたりの功績（「功」）や勤務日数（「労」）の計算も正確なところがつかみにくい。現在五十歳で内史出身の彼の、すべての官歴が第二欄に挙がっているのだとしたら、その経歴は次のようになる。

官佐（実務部署の「佐」）となる。（三十四歳）
県の令佐（県令直属の「佐」）となる。（四十歳）
県の斗食（の令史？）となる。（四十一歳）
司空嗇夫（労働力管理部署の責任者）となる。（四十五歳）
遷陵県の次官代理となる。（四十九歳）

三十四歳での任官はかなり遅く、あるいは官佐となる前に他の職務に就いていたものの、その部分の勤務日数は別に計算されているのかもしれない。いずれにせよ、彼が令史になるまでには七年以上かかっているわけで、これとは対照的にたった二年で令史となった喜の方は、かなり順調なキャリアの滑り出しだったことが分かる。

地方官府の構造

ここまで、きちんとした説明を省略したまま、さまざまな官職名を列挙してきた。改めて地方官府の構造と、それを構成する各官職の役割を簡単に説明しておこう。

いわゆる秦の「郡県制」の下では、全土にいくつかの郡が設置され、各郡がさらにいくつかの県に分かれていた。県は多数の官吏が勤務する地方統治の拠点であり、すでに出てきた「郷嗇夫」（郷の責任者）も、県に所属する官職の一つだった。

県の長官を「県令」（「県嗇夫」とも）といい、次官が「県丞」である。さらに軍政系統を束ねる者として「県尉」がおり、彼らがいわば県政の責任者に当たる。そして県令を支える書記官たちが集まり、文書行政の司令塔となっていたのが、「県廷」と呼ばれる組織であった。

県廷の書記官は担当する文書の内容によって、いくつかのグループ（「曹」）に分かれていた。里耶秦簡に見える遷陵県廷の「曹」としては、吏曹・戸曹・司空曹・倉曹・尉曹・金布曹、さらに爵曹・車曹・令曹・獄東曹・獄南曹などが確認できる。たとえば吏曹は人事関係の、戸曹は戸口管理に関わる、司空曹は刑徒や徭役人夫など官有労働力の管理に関連する文書を取り扱っていた。各曹の業務内容が、次のような簡からより具体的に把握できる場合もある。

倉曹計録	器計	馬計
禾稼計	銭計	羊計
貸計	徒計	田官計
畜計	畜官牛計	凡十計

史尚主（里耶秦簡⑧481）

右の簡では「倉曹計録――倉曹が管轄する帳簿――」という題に続いて、さまざまな帳簿名（「～計」）が三段にわたって列挙される。「倉」とは穀倉のことであるから、穀物（「禾稼」）の出納帳簿はもちろんのこと、それを民に貸し付けた際の帳簿（「貸計」）や、労働力として管理している刑徒の記録（「徒計」）の取りまとめなども、倉曹の職掌だったことが分かる。

これら諸曹に、担当書記官として置かれたのが「令史」であった。これまで令史について「長官直属」とか「長官官房の書記官」であると説明してきたのは、右のような令史の役割をふまえてのことである。令史は県廷において長官の職務を支えており、それゆえに県内の書記官のなかでも特に見込みのある者が選ばれたに違いない。登用試験の最優秀者がいきなり「令史」とされたのは、まさに大抜擢なのである。

さて、県廷が文書行政の中枢であり、いわば統治機構のなかで「頭脳」の役割を果たしていたとすれば、その「手足」となって実務に当たった部署、たとえば倉庫に保管されていた穀物現物を管理し、その出納を担当したり、あるいは労役人夫に作業を命じ、その作業内容を記録したりする部署は、「官」と総称された。県内にはいくつかの「官」があり、それぞれの責任者として「官嗇夫」が置かれた。遷陵県についていえば、倉・庫・少内・司空・田官・畜官・厩の諸官があり、それぞれに「司空嗇夫」や「倉嗇夫」などがいた。嗇夫の配下にも「佐」「史」といった下級の書記官がおり、さらに「〇人」と呼

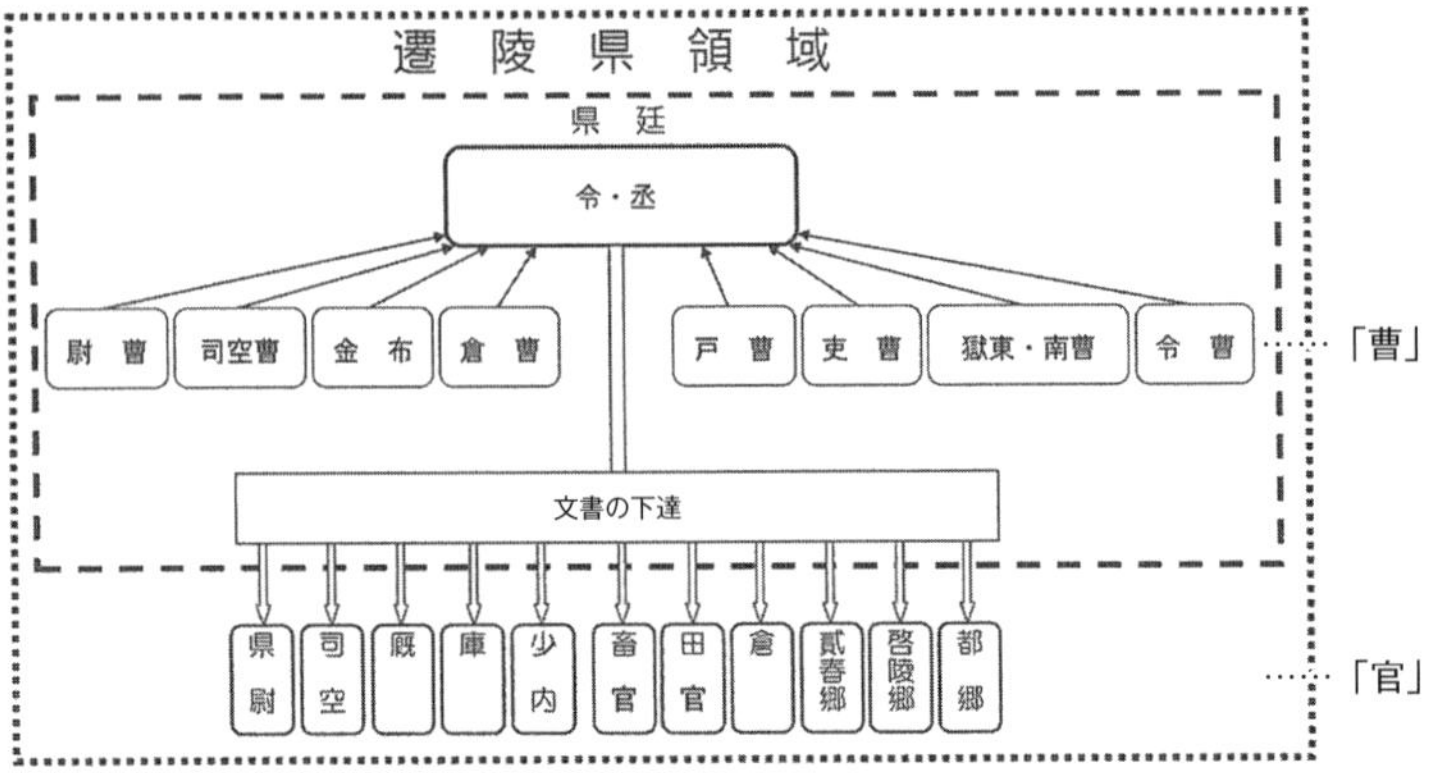

図16　遷陵県における官僚組織

ばれる雑役夫（刑徒を含む）が所属していて、実務に必要な労働力を提供していた。諸官のうち、たとえば「畜官」については次のような記録が残っている。

畜官課志　　畜牛死亡課　⧄
徒隷牧畜死負剝売課　　畜牛産子⧄
徒隷牧畜畜死不請課　　畜羊死亡⧄
馬産子課　　畜羊産⧄

（里耶秦簡⑧490）

冒頭に「畜官の課志」という表題が書かれ、それに続いてさまざまな「課」が列記される。「課」というのは帳簿の一種で、特に勤務評定に関わるもののこととされる。各「課」の内容をここでは一つ一つ説明しないが、馬・牛・羊などの家畜がどれだけ生まれ、どれだけ死んだのかについての、あるいは「徒隷――刑徒――」が牧養していて死なせてしまった家畜についての記録であることは、それぞれの字面から分かるだろう。畜官は官有馬牛の飼育を職掌とする実務部署であり、肥育している家畜の増減や、死んだ家畜を適切に処理したかどうかによって、その勤務成績を評価されたのである。

その他、「倉」は穀倉、「庫」は武器をはじめとした物品の保管庫、「少内」は銭倉を管理する、財務関係の「官」であった。これに対し、「司空」は刑徒などの官有労働力、およびそれを活用した運輸や土木工事を管轄しており、刑徒の一部は「倉」によっても管理されていた。官有労働力は農作業にも投入されており、それを管轄していたのが「田官」だった。いずれも実際に人やモノを扱う、実務部門である。その意味では、居民と直接向き合い、彼らを管理していた「郷」もまた「官」の一種であり、事実「郷嗇夫」は「官嗇夫」の一つとしてカウントされていた（里耶秦簡⑦67＋⑨631）。

これらの諸官における日々の業務内容は、記録されて県廷の各曹へと提出された。この記録を令史たちが集計し、取りまとめ、帳簿として整理したのである。かくして出来上がった各種の帳簿が、統治の現状を知るうえでの基本資料となり、たとえば勤務評定の際の材料とされたり、必要に応じてさらに上級の官府へと提出されたりした。要するに、「手足」で起こっていることは文書という「神経」を通じて県廷へと集約され、逆に「頭脳」である県廷からの指示も、文書により通達されていた。こうした文書行政の根幹を支えていたのが、県で勤務する書記官たちなのである。

では県の統治組織のなかで、どれほどの数の官吏が勤務していたのだろうか。遷陵県についてはその官吏定員が分かっており、総数は一〇三名で、そのうち令史は二十八名、官嗇夫は十名、諸官の書記（「官佐」）は五十三名であった（里耶秦簡⑦67＋⑨631）。遷陵県は山深い僻地にあり、定員の充足率は決して高くはなかったが、それでも五十人を超える官吏が実際にここで勤務し、秦の占領地支配を支えていた。

官吏の転勤

遷陵県における定員充足率の低さは、当地に元から暮らしている居民の数が少なく、現地の人間を官吏として採用できなかったことに因っていよう。加えて、前節で述べたような、新占領地での官吏採用を避けようとする方針が、そこに影響を及ぼしていたのかもしれない。いずれにせよ、出身地の判明する遷陵県の官吏たちはすべて別の郡の出身者で、とりわけ漢中や巴蜀（陝西省南部、四川省一帯）など、秦による統治の歴史が比較的長い地域の者が多い。南郡出身者の姿も見えており、もしかしたら喜の同僚の中にも、新占領地に転勤させられた者が何人かいたかもしれない。

ただし、下級官吏を県外へと転勤させるのは、あくまで新占領地での支配を円滑にスタートさせるための非常措置であり、基本的には地元の人間を、出身地の県において採用するのが原則であった（岳麓〔肆〕207～209　後掲）。この原則は漢代にも引き継がれ、地方官府の下級官吏には現地の者が採用された。これに対し、県の長官・次官クラスの役人（「長吏」）は、逆に別の県、さらには別の郡の出身者が任用される。総責任者には地元とのしがらみがない人間をすえ、かねてからの癒着や反目によって汚職が生じないよう、工夫がこらされていたのである。

さて、そうなると一つ気になるのは、安陸県出身の喜が、安陸で令史となった翌年、故郷を離れて鄢県の令史になっているという点である。いったいなぜ彼は別の県へと転勤したのか。詳しい事情は分からないが、おそらく彼を強く推薦する者がいたのだろう。次の条文がそのヒントとなる。

置吏律。県が有秩の吏を叙任するときは、それぞれその県の中の者から叙任する。他の県の者を叙任しようとする場合、および依頼して人を配置しようとする場合、県令・都官（中央官庁の出先機関）の長・丞・尉・有秩の吏が保証できる者であるなら、これを許可する。県および都官の嗇夫が辞めたり異動したりし、自らの行った保証を解除しようとする場合、これを許可する。新しい嗇夫が保証できなければ、これを辞めさせ、県は規定にのっとって有秩の吏を保証して叙任する。保証人が辞めたり異動したりしたなら、新しい嗇夫に保証させる。保証がなければ、辞めさせる。…（岳麓〔肆〕207〜209）

「有秩」というのは固定された、一定額の俸給を受け取れる立場にあることで、下級官吏のなかでもより上層の者たちがこれに該当する。通常、その地位に就けられたのは地元の県の出身者だったが、県の長官・次官クラスの者や、有秩の吏のなかに保証人がおれば、他県の者を選ぶこともできた。喜の場合も、鄢県で勤務していた相応の身分の官吏により能力を保証されて、安陸県から鄢県へと転勤したのであろう。

右の条文の後半部分からも分かるとおり、役人として生きてゆくためには保証人の存在が不可欠だった。たとえば、保証人であった上司が転任し、新しい上司が保証の更新を拒んだなら、辞任させられた。保証人と被保証人とは一蓮托生の関係にあり、もしも保証された人間が不適格であったなら、保証人は罰せられたし(二年律令210)、逆に保証人が罪を犯したら、被保証人も罷免された(法律答問145)。従って喜と、彼の保証人となった鄢県の役人との間には、かなり強固な結びつきがあったと考えざるをえない。喜が相応の財産を持つ、地域社会の有力者の家に生まれたことは、これまでも折に触れて指摘してきたが、その一族が持つネットワークは安陸県内に止まらず、周辺の県にまで繋がっていたのだと思われる。

鄢は現在の湖北省宜城市に位置し、漢水のほとりにある重要都市である。かつて楚に属していた頃には、楚の別都がここに置かれていた。安陸県よりはずっとにぎやかで、官府の規模も大きかったに違いない。鄢県でのポストも安陸県と同じく「令史」ではあったが、これは一種の栄転であるといってよい。二十三歳の喜は、きっと期待に胸をふくらませて旅立っていったことだろう。

第二節 「治獄」の仕事

裁きの場としての「獄」

鄢県に赴任してから五年後、喜はそこで「治獄」の任に就く。「治獄」とは「獄」で取り調べることであり、いわば裁判を担当する官吏となったわけである。取調の担当者としては「獄史」というポストがあり、喜はこのとき令史から獄史に転じたのかもしれないが、「編年記」の書き方はそのあたりが曖味である。あるいは令史の身分はそのままにして、取調担当に回されたという可能性もある。

「獄」といえば、現代人の頭には「監獄」、すなわち懲罰として犯罪者を収監しておく施設が思い浮かぶだろう。だが中国前近代の「獄」は、容疑者や証人を収繫し、彼らを取り調べるための場所、つまり裁きの場であった。獄は、地方においては県レベルの官府に設置されており、裁きを求める人間は県の役所にまで赴き、そこで訴え出ることになっていた。ただし県の官署から遠く離れた地域の者には、最寄りの郷に訴えるという選択肢も認められていた（二年律令101）。また賠償請求のように、財物をめぐる些細なもめ事であれば、獄以外の場所で供述聴取が行われるケースもあった。だが告発を受理した郷の役人は、その内容を書き留めて県に送ることになっていたし、いまの刑事訴訟に相当するような重要な裁判案件なら、必ず県で裁きが行われた。郷などで行われる告発の受理や供述聴取はあくまで略式のもので、正式な手続は県獄において進められたのである。それを支えていたのが県の獄史たち、つまり法律条文や過去の判例に精通したスペシャリストであった。喜もまた法律を熟知していたことは、彼の墓から出土した大量の法律文書が雄弁に物語っている。

では、「獄」が具体的にはどのような施設で、どのような所にあったかといえば、残念ながら詳しいことは分からない。ただし当然のことながら、取調のために容疑者や証人を収容しておく場所であるから、外部との接触が断たれる構造になっており、通常は親族とも自由に面会できなかった（『史記』酷吏列伝　義縦）。家族がまとめて収容された場合にも、互いに会うことができなかったらしい。時代はだいぶ降って前漢の成帝（在位：前三三～前七）の頃の話だが、首都長官であった王章という人物が時の権力者を批判し、逆に罪を着せられて家族ともども獄に下されたときのこと。

王章の幼い娘はまだ十二歳ばかりだったが、ある夜、起き上がると声をたてて泣き出した。「いつもは囚人を点呼すると、人数はかならず九人だったけど、いま聞いたところだと八人で止まってしまった。お父さまはもともと自分を曲げない人だったから、最初に死んだのはきっとお父さまよ」と。次の日に尋ねてみたところ、やはり死んだのは王章だった。（『漢書』王章伝）

このように関係者がバラバラに収監されたのは、こっそり口裏を合わせたりするのを防ぐためでもあったのだろう。

獄には獄史の他、「牢監」という役人も配置されていて、こちらは囚人の監視を担当していたとおぼしい。さらに少なからぬ数の刑徒も働いており、囚人を縛り上げ、引っ立てたりするのは彼らの役目だったのだろう。武帝の怒りにふれて獄に下されたことのある司馬遷は「刑徒を見ると、恐怖のあまり息も絶え絶えになる」（『漢書』司馬遷伝）と言っており、獄において彼が受けた仕打ちは想像するにあまりある。外部から切り離された獄の内側では、その場所に独特の秩序が形成されていて、庶民からは常に畏怖の目をもって見られていた。「地面に線をひいて周囲を区切っただけの「獄」であっても、とにかくそこには入らない」（『漢書』路温舒伝など）という当時よく知られていた諺は、獄に向けられた庶民のまなざしを今に伝えている。

裁判手続の進行

いささか「獄」の恐ろしさばかりを強調してしまったが、その一方で、当時行われていた裁判の手順を法律条文や判例に基づいて復原してみると、その合理性に驚かされる。歴史をさかのぼると、中国でも太古には、「神の意思」を得ることによって正邪を判断する神明裁判が行われていた痕跡が残っているし、戦国時代の楚の国の裁判でも、繰り返し「盟」、つまり真実を述べるという誓いが立てられている。これに対し、秦の裁判制度は「真実」を突き止めるために、決して人知を超えた、超自然の力などに頼ろうとはしていない。後述するとおりさまざまな欠点はあるけれども、やはり「合理的」だと感じられるゆえんである。

裁判手続のなかで最も重要なのは、被疑者や証人の供述を書き写し、それらを相互に比較して矛盾点を洗い出し、それについての説明を被疑者らに求め、さらにその弁解を記録していく過程である。矛盾点について説明を求めるのを「詰問《きつもん》」といい、これは供述記録を基にして行われるので「簿問《ぼもん》——調書に基づく質問——」や「簿責《ぼせき》」とも呼ばれる。詰問の重要さは、睡虎地秦簡の封診式に見える次の記事からもはっきりと見てとれる。

訊獄《じんごく》　訊獄——獄での訊問——にあたっては、必ず先に供述をすべて聞いて書き写し、それぞれにさまざまな事を言わせ、偽りがあることが分かっても、みだりに詰問してはならない。供述し終わって弁解が十分でない点があれば、そこではじめて詰問せよ。詰問したら、さらにその弁解の供述をすべて書きとめ、そのうえで弁解が十分でない他の点について再び詰問せよ。詰問しつくしてもウソを繰り返し、言を左右にして罪を認めず、律の規定でむち打ちに相当する場合は、そこではじめてむち打つ。むち打ったならば、必ずそれを次のように書きとめよ。「爰書、某人が繰り返し言を左右にし、弁解の供述がなかったので、某人をむち打った」と。（封診式2〜5）

裁判文書の書式集である「封診式」のなかにあって、右の記事は他と性格を異にし、いわば裁判の基本的な心得を説く内容となっている。それによると、肝要なのは被疑者に十分喋らせることで、役人の方はひたすらそれを記録する側にまわる。だがそのなかに偽りがあれば、必ず他の供述記録と矛盾する。その点について詰問したなら、こんどはそれについての弁解を記録する。なおも矛盾が解消しなければ…、という具合に「詰問→弁解」を繰り返し、ついには罪状自認に至らせるのが、理想のやり方だとされていたのである。

判例集に収められた裁判記録でも、確かにこのような供述聴取の繰り返しが現れる。そこでは各自の供述が「辞曰、『……』。他如〜。」（供述して言うには「……」と。その他は〜のとおり。）という形式で記される。「〜」の部分には、他の関係者の名前や、「劾――告発状――」「前――前回の取調――」といった文字が入り、他の人間の供述書などと比較対照しつつ、聴取が繰り返されていたことを彷彿とさせる。とにかく供述内容を延々と書いていくのだから、被疑者の取調が「史――書記官――」の仕事であったのも頷ける。

さて、詰問をへて被疑者が罪状を認めると、手続は次の段階へと進む。まずは被疑者の年齢・爵位などを本籍地に問い合わせたり、他の関係者の取調状況を確認したりする手続きがふまれた。そのうえで「鞫《きく》」が行われる。ここでは犯罪行為の中身が最終的に確かめられ、さらに「読鞫――鞫を読み上げる――」（『周礼』秋官小司寇注）という言い回しも見えるので、その内容は被疑者にも読み聞かせられたらしい。刑罰適用への同意がここで求められたのだろう。かくして犯罪者に刑罰が引き当てられると、裁判はひとまず結審する。

冤罪のおそれ

述べたように、確かに秦漢時代の裁判制度は合理的にできていて、そこではすべての供述を記録し、矛盾点に説明を求めることで真実を探し出そうという姿勢が貫かれていた。ただし、あくまでこれは建前である。もしもあらゆる裁判が建前どおりに行われていたならば、「獄」に恐怖の目が向けられることなどなかっただろう。

前項で挙げた「訊獄」の末尾にもあったとおり、被疑者がいつまでも罪を認めず、のらりくらりと愚にもつかない返答を繰り返すなら、拷問を用いることが許されていた。もちろん、それにより真実を吐かせることもできたかもしれない。だが一方で、取調官の勝手な思いこみから、結局は冤罪を生み出してしまうことも少なくなかった。張家山漢簡・奏讞書《そうげつしょ》には、牛泥棒の共犯として処罰された男が再審を請求し、再度の取調により冤罪を雪《そそ》いだ裁判の記録が残っている（奏讞書、案例⑰）。再審時の取調のなかで男の背中を検分したところ、「大きさが指くらいの傷跡が十三ヵ所あり、小さな傷跡は互いに重なりあい、肩から腰に至るまで、多くて数えることができなかった」という。現行犯で捕らえられた「主犯」の方は、誰の牛を盗んだのかさえ分かっていなかったので、取調官は共犯者がいるに違いないと睨み、彼を拷問してむりやり「共犯者」の名前をいわせ、さらにその「共犯者」をも拷問して、ついには無実の罪を認めさせたのだった。

いくら合理的に映る制度であっても、拷問を許容している以上、冤罪の危険はつねにつきまとう。封診式「訊獄」において、「拷問したなら『爰書』（公的な報告書で、より強い証明力を持つ）にその旨を記載しておくように」とあるのは、最終的な判決を下す時、自白が暴力的に得られたものであることを判決決定の責任者——県においては長官・次官クラスの官吏——に知らしめ、冤罪の可能性を考慮させようとする工夫であろう。

この他にも、冤罪を避けるための仕組みが設けられていた。たとえばすでに紹介した再審請求（「乞鞫」）の制度。判決が不当だと訴える者は、裁判が終了してから一年以内であれば、再度の取調を求めることができた（二年律令114～116）。犯罪者本人がすでに死刑にされてしまっていても、その父母・兄弟・妻子などが再審を請求し、死者の無実を晴らすことも可能だった。だが、その再審請求が実は不当なものだったと判明した場合には、逆にその者に与えられる刑罰が加重された。

また、いくら再審制度があったとしても、すでに死刑とされた者を生き返らせることはできない。そこで死刑判決は特に慎重に決裁された。具体的には、県レベルの役人が独断で死刑を執行することはできず、必ず上級機関に事前申告することになっていた。

県や道の官が取り調べた死罪、及び過失・遊戯から人を殺した事案は、裁判ですでに罪状が具備しても、それで裁いてはならず、裁判を所属する二千石の官に上申する。二千石の官は有能な都吏に再調査させ、二千石官に報告させる。二千石官の丞は厳正にこれを補佐し、裁くに相当するなら、県・道の官に告げて職務を遂行させる。…（二年律令396～397）

「二千石」というのは官秩（官吏のランク）を示しており、もともとは一年間に俸禄として支給される穀物の量であったとされる。地方にあって「二千石」に相当するのは、郡の長官クラスの官僚である。つまり、死刑案件は必ず郡に事前報告し、郡の派遣した役人（「都吏」）による再調査を経なければ、確定しなかったのである。

再審請求や再調査により冤罪が発見されたなら、間違った判決を下した役人にペナルティが科せられる。悪質な場合、つまり賄賂などを受け取って故意に濡れ衣を着せたのであれば、被告に与えられたのと同じ刑罰（死刑の場合は一等軽い刑罰）が、不正を行った役人に跳ね返ってくる。一方、故意ではなく過失から生じた誤審であれば、間違って与えた刑罰の重さに応じて、役人には罰金刑が科せられた。また、始皇帝の三四年（前二一三）には、治獄に当たる官吏で不正を働いた者が、万里の長城の建造などに動員されている（『史記』秦始皇本紀）。失点が多く、「無能」のレッテルを貼られた官吏は、なり手の少ない新占領地の役人としてむりやり転勤させられることがあった（岳麓〈伍〉276～277）。さらに始皇帝の末年になると、単なる肉体労働者として、辺境での土木工事に動員される役人も現れたわけである。こうなると、取調官の受けていたプレッシャーも、それ相応のものだったに違いない。

裁判の理念と現実

もちろん、これらの冤罪予防策が公正な裁きを担保していた、という側面もあっただろう。だが、それがかえって別の問題を引き起こすこともあった。要するに不正が明るみに出なければいいのだから、揚げ足を取られないような「説得力」のある取調記録を作成することばかりが優先され、そのなかで逆に事実が押し隠されてしまう、という危険である。前漢の宣帝に仕えた路温舒《ろおんじょ》という人物が、当時の裁判制度の機能不全についてこう述べている。

〔役人が取調結果を〕上奏する際には却下されることを恐れ、文章を練り上げてすべてを法文とうまくあわせます。量刑案の上奏文がいったん出来上がると、いにしえの咎繇《こうよう》（「皋陶《こうよう》」とも。堯・舜に仕えたとされる伝説上の名裁判官）がそれを聞いたとしても、やはり死罪にして余りあると思うでしょう。（『漢書』路温舒伝）

被疑者を取り調べ、供述調書を作るのは書記官で、判決を下す責任者――県であれば県令など――が被告を直接尋問したのではない。調書が整い、「読鞫」をする際には責任者の前に被告らが召し出されたのかもしれないが、獄に囚われ、「刑徒を見ると、恐怖のあまり息も絶え絶えになる」ありさまとなった者たちが、何らかの申し開きを、この期に及んで口にできたとも思えない。ほとんどの場合、供述記録にのっとって判決が下されることになったのだろう。調書を書き慣れた取調官が周到に「ストーリー」を練り上げたなら、たとえいにしえの名裁判官でも、そこから冤罪を発見するのは至難の業だった。

このように、判決の行方を左右したのは県の高官ではなく、むしろその配下にあった書記官たちであった。彼ら、取調にあたる官吏たちが供述記録を書き上げた時点で、裁判は事実上終了したとさえ言えるだろう。取調官が賄賂を受け取り、裁判を不当な判決へと導くことも少なくなかったのは、「治獄」する者の収賄を厳しく禁じる規定（岳麓〔陸〕173～174）の存在から、逆にうかがい知ることができる。こうなると、財力に乏しい側にはもはや勝ち目はない。できることと言えば、あとは幸運を天に祈るくらいである。第一章（二一～二二頁）で紹介した占いの書「刑徳行時」には、「収監されても、罪に問われることはない」という一節があった。有罪になるか無罪になるかは、獄に入れられた日の吉凶によって決まる、と当時の人間は受け止めていたのである。そこに「公正な裁き」を信頼する気持ちなどは、みじんも感じられない。先に登場した王充は、こうした風潮を歎いて次のように言っている。

司空で拘束され、刑徒となるのは、役所に出頭する日が悪く、拘束されたのが凶日だったからではない。人を殺した者が吉日を選んで役所に出頭したならば、あるいは身体を毀損する刑罰に相当する者が幸運な頃合いを見計らって獄に入って拘束されたならば、解放され、恩赦の命令がやってくるなどといったことが、どうしてあり得ようか。(『論衡』辨祟篇)

まことにもっともな意見だが、彼が歎けば歎くほど、世間一般の人間が「正当な判決が下るかどうかは運次第」と考えていて、またそれが実情でもあったことが、はっきりと見てとれる。

さて、以上が当時における裁判の現実なら、なるべく訴訟沙汰は起こさないに限る。ささいな揉め事であれば、地域の有力者などが間に入り、話し合いで解決するのが賢明だろう。だが当時の史料を眺めると、傷害や強盗といった重要案件以外にも、家庭内のいざこざに属するような軽微な案件もまた、おおやけの裁きに委ねられていたことに気づく。たとえばすでに紹介した、親が子供の不孝を告発する案件(封診式50~51「告子」)や、生意気な奴隷を懲らしめて欲しいという訴え(同37~41「告臣」、同42~45「黥妾」)などは、わざわざ官憲の手を煩わせなくても、家のなか、あるいは隣近所も加わって郷里社会のなかで解決すればいいのではないか、と思ってしまう。

だがこうした発想は、「北ニケンクヮヤソショウガアレバ、ツマラナイカラヤメロトイヒ」(宮沢賢治「雨ニモマケズ」)という一句に象徴されているような、「村落共同体」の役割を重視する日本人に独特の「常識」であって、前近代の中国には当てはまらないことが、かねてから指摘されている。村落が独自の掟を持ち、それに従わない者を「村八分」で排除するような仕組みは、中国史においては早い段階でずいぶん後退しており、従って紛争を解決するためには、お上の裁きを待つよりほかなかったのだ、というのである。「早い段階」というのがいつ頃なのかをめぐっては、春秋戦国時代の頃が画期になっているという論者もいる。

確かに、第三章でも述べたとおり、地域社会の人口にはすでに一定の流動性が生まれていて、成員同士の結びつきは、身動きがとれないほどがんじがらめではなかった。「毒言」の病に罹っている隣人をどうにかして欲しいと官署に訴え出ている（封診式91～94、七四頁）ことなどは、里のメンバーを「村八分」にするのにも、お上の権威が頼みの綱だったという当時の実情を暗示している。庶民はお互いに助け合いつつも、だからこそ時には強く反発し合い、その対立を自分たちで解消できない場合には、官憲の力を巧みに利用しようとしたのである。

改めて考えてみると、獄を恐れ、そこに入る際にはせめて吉日を選びたい、などという心性は、獄が庶民にとってまったく縁遠い別世界だったからではなく、むしろ案外身近な存在で、日常生活のなかでも必要とあれば、嫌でも赴かざるを得ない場所だったからこそ生じてきたものなのだろう。多くの民が押しかけてきては口々に自己主張し、都合のよい裁定を得るためなら、裁判の趨勢を握る書記官への手厚い賄賂も、接待攻撃も辞さないというのが、当時の獄をとりまく実情ではなかったか。そのなかで、はたして喜はあくまで公正な取調官としてまじめに勤務していたのか、それとも地位をうまく利用して私腹を肥やすこともあったのか。残念ながら睡虎地秦簡は、それについては何も語ってくれない。

第六章　結婚と夫婦関係

——婚姻制度——

十一年、十一月、獲産。
十八年、攻趙。正月、恢生。
廿七年、八月己亥廷食時、産穿耳。（編年記18・25・34、第二欄）

始皇一一年（前二三六）、十一月、獲が生まれた（二十七歳）。一八年（前二二九）、趙を攻撃した。正月、恢が生まれた（三十四歳）。二七年（前二二〇）、八月二十七日の廷食時、穿耳が生まれた（四十三歳）。

第一節　喜の結婚

婚姻の適齢期

鄢県に転勤して令史となった四年後、「治獄」の仕事を始める前の年に、「獲」という子供の誕生が編年記に書き込まれている。この時に喜は二十七歳だから、頃合いからして初めての子宝に恵まれたのだとみるのが自然だろう。ということは、それより前に喜は結婚していたはずだが、それについては記録がない。その後、三十四歳になってようやく二人目の子供の名が見える。七年ほど間が空いているが、その頃に喜は二度の従軍（始皇一三年、一五年）や父の死（始皇一六年）を経験しているので、しばらくそれどころではなかったのかもしれない。そして始皇二七年、四十三歳になる年に三人目の子「穿耳」が生まれている。喜の初孫、という可能性もあるが、この年に長子の「獲」はまだ数えの十七歳なので、すこし早い。喜の子供とみていいだろう。ただし「獲」の母が二十歳で彼を産んだのなら、始皇二七年の時点ですでに三十七歳になっている。従って、「穿耳」が喜の子供であるのなら、喜は第二夫人を迎えていた可能性がある。ちなみに、その字面からの推測なのだろうが、「穿耳」は女の子の名前だといわれている。またこの子だけは、喜本人と同じように、生まれた時刻（「廷食時」）まで記録されており、なぜだか特別扱いされている。年を取ってから授かった女の子を、喜はことのほか可愛がったのだろうか、などと想像してしまう。

さて、述べたとおり喜がいつ結婚したのかははっきりしないが、長子誕生のしばらく前だとすれば、二十代後半といったところだろう。儒教の教えによると、男性の婚姻適齢期は三十歳ということになっており、だいたいこれと合致する。いささか長文になるが、その典拠の一つとなる儒教経典を、以下に引用しておく。

「媒氏」という官職は、民を互いにめあわせることを掌る。およそ男の子も女の子も生まれてから三ヶ月をへて父親に名前をつけてもらうと、いずれも生まれた年・月・日と名を媒氏のところで記録する。男には三十歳で妻を娶らせ、女は二十歳で嫁がせる。およそ一度離縁された女や貴人に嫁いだ者の侍女を娶る場合も、いずれもこれを記録する。中春の月には、男女を互いに顔合わせさせる。この時には、自分で相手を見つけるのを許す。もし理由もなくこの決まりに従わなければ、これを罰する。連れ合いのいない男女の家のようすをうかがって、顔合わせさせる。およそ子を嫁し妻を娶るときには、黒い絹を贈り物とし、五両を超えないこととする。夫婦ではなかった者を夫婦として埋葬したり、若死にした女を〔形だけ〕嫁がせたりするのを取り締まる。およそ男女が閨《ねや》の中のことで争う場合は、これを滅びた国の社で聴取し〔注、周囲を囲まれているので、聴取内容が外に漏れない〕、刑罰に当たる者は、これを士に引き渡す。（『周礼』地官・媒氏）

『周礼』はすでに本書にも登場しているが、これは孔子が理想の世とする周の時代の、官僚組織について記した書物だとされる。先にも述べたとおり、それは実際に行われていた制度の忠実な記録ではなく、多分に理想化された架空の「官制」を述べているに過ぎないのだが、それでも古代の制度や慣習を、いささかなりとも伝えている部分があるといわれる。右の史料にみえる「媒氏」という官職も、男女の婚姻記録を管理するほかに、見合いの場を設けたりもしており、あたかも昨今の少子化対策担当官のようで、とても太古に実在した役所とは思えないが、一方で、そこに記された婚姻の儀礼や慣習などが、現実の一部を映し出している可能性も考えられる。

話を婚姻の適齢期に戻すと、右の引用にある「男は三十歳、女は二十歳」というのが、儒教の推奨するところであった。ただし「男は三十歳」とされるのは、「三＝奇数＝〝陰陽〟の〝陽〟に相当＝男」という発想に因ると考えられ、そこに合理的な理由はない。実際には、人々はもっと若いうちに結婚したらしい。

たとえば前漢の恵帝六年（前一八九）には、「女子が十五〜三十歳で嫁いでいなければ、税金を五倍にする」という命令が下されている（『漢書』恵帝紀）。時期としてはちょうど、秦の滅亡から前漢の成立当初にかけての戦乱がようやく落ち着きをみせ、人口の回復が急務だった頃である。出産を奨励すべく、未婚女性に重税をかけるという施策が打ち出されたのだろう。従って「十五歳で結婚せよ」というのは、一般的な婚姻適齢期よりも若干早めに設定されていたのかもしれない。だが、漢代には概して人々は早婚であり、それが時として社会問題にもなっているのは、先に挙げた『漢書』王吉伝（三〇頁）からうかがえる。後漢の王充も、儒教の教えが無視されていることをはっきり述べている（『論衡』齊世）。これらをふまえて、漢代の男性の初婚年齢は十四〜二十歳、女性は十三〜十六歳くらいだろうと推測されている。

秦代については手がかりが乏しいものの、状況は漢代とあまり違わなかったことだろう。里耶秦簡には次のような簡がある。

〼……〼
〼□啓妻曰忘戌、年十六歳。〼（里耶秦簡⑨3276）

戸籍様簡の断片とおぼしいが、そこに見える「忘戌」という女性はわずか十六歳ですでに「啓」の妻となっている。男性の方も、二十歳くらいまでに結婚するのが秦代においても一般的であったなら、喜はかなり晩婚の部類に属することになるだろう。どういう事情だったのかはよく分からない。よっぽど風采の上がらない男だったのか、それとも学業や公務を優先させていたのか。お金には困っていなかったはずだけれども、かえってそのために、慎重に相手を選びすぎたのかもしれない。

相手探しと婚姻の儀礼

「相手を選ぶ」といっても、それを行うのは多くの場合は本人でなく、親である。

男は自分で勝手に娶らず、女は自分で勝手に嫁がず、必ず父母が主導し、媒酌が必要なのはなぜか。恥をかかず、淫らなことのないようにするためである。（『白虎通』嫁娶）

そして必ず仲人が間に立ち、花嫁と花婿の縁を取り結ぶ。仲人がいなければ、男女はお互いの名前すら知ることができないとされている（『礼記』曲礼上）。従って仲人の役割は重要で、取り持った婚姻に対して相応の責任が負わされる。もしも娶った女性や、あるいは嫁いだ先の男性が逃亡者であったりしたならば、結婚した両人と同じように、仲人も処罰の対象となった（二年律令168）。

ただしこれは建前であって、例外を見つけ出すのは難しくない。たとえば秦末漢初の群雄の一人である張耳《ちょうじ》という人物は、故郷を離れて別の町に滞在していたとき、そこの裕福な家の娘を嫁にもらった。

その娘はたいへん美しく、すでに結婚していたものの、自分の夫を奴隷のように蔑み、夫家を飛び出して父の食客《しょっかく》の許に身を寄せていた。そこで張耳の評判を聞いた彼女は、前の夫と絶縁し、父に頼んで張耳に手厚い贈り物をし、彼のもとへと嫁いだのだった（『漢書』張耳伝）。

出土史料にはドラマのような恋愛談も残っている。時は前漢の高祖一〇年（前一九七）のこと、函谷関という関所からほど近い湖県（現在の河南省霊宝県）というところで、二人の男女が捕らえられた。調べてみると、女はもともと戦国時代の斉国の王族の娘で、男は斉の旧都があった臨淄《りんし》県の獄史だった。女の方は、地方の有力者を目の届くところに集めようとする政策に因るものか、身柄を漢の都である長安に送られる途中であり、男はその護送係だったのだが、その道中で二人は恋に落ちてしまった。男は女を妻にすると、手に手を取って臨淄に逃げ帰ろうと図り、函谷関を抜けて東に向かおうとするところで、あえなく捕らえられたのだった（張家山漢簡・奏讞書、案例③）。

いささか話が劇的すぎて、本当にあった事件なのか、鵜呑みにはできない。だがこうした男女の自由な恋愛自体は、実際にはさほど珍しくなかったのだろう。フランスの中国学者マルセル・グラネは、儒教の経典『詩経』に収められたいくつかの詩は、若い男女が春の野に出て、よき伴侶を求めて互いに歌い交わした求愛歌に由来すると言っている。いわば古代日本の「歌垣《うたがき》」のような習俗が、古代の中国にもあったというわけである。先に引いた『周礼』媒氏の「中春の月には、男女を互いに顔合わせさせる」という一節も、あるいはこうした習俗の痕跡を物語っているのかもしれない。かかる習俗が秦代に至っても、基層社会には根強く残っていた可能性を、一方では考えておく必要もあるだろう。

さて、どのような馴れそめであったにせよ、男女が晴れて夫婦と認められるまでには、一連の社会的な手続をふむ必要がある。婚姻の儀礼である。儒教の教えによると、婚姻に際しては「六礼《りくれい》」と呼ばれる六段階の儀礼をへねばならなかった。

①納采：男性側が女性側に使者を送り、求婚の贈り物（士身分の者であれば雁《かり》）をする。

②問名：女性の姓名や生年月日を尋ね、婚姻を祖廟に告げて占う。第一章に引いた睡虎地秦簡の日書「生子」によると、誕生日から判明する運勢は、男女で異なる場合もあった。

生子。…庚寅の日に子を生めば、女は商人になり、男は着道楽で高貴な身分となる。…壬寅の日に子を生めば、不吉であり、女は医者となる。…（睡虎地日書甲種140－1〜149－6）

③納吉：占いの結果を女性側に伝える。

④納徴（納幣）：結納の品を贈る。

⑤請期：結婚の日取りを占いで決める。この占いの方法も、睡虎地の日書に一例が見える。

取妻（妻を娶る）。妻を娶るときに避けるべき日は、丁巳・癸丑・辛酉・辛亥・乙酉、および春の未・戌の日、秋の丑・辰の日、冬の戌・亥の日である。丁丑・己丑に妻を娶るのは、不吉である。戊申・己酉は、牽牛が織女を娶った日で、成就せず、三たび破綻する。戊・亥の日に娘を嫁がせたり嫁を娶ったりしてはならず、これを「相（霜＝喪？）」という。（睡虎地日書甲種155〜156－2）

⑥親迎：結婚の当日、新郎自らが新婦を迎えに行く。

これらの儀礼をすべて行うとなると、お金も時間もかかりそうである。喜のような階層の者ならともかく、最下層の人間までもがこうした手順をふんでいたとは、とうてい思えない。貧しい中で結婚したという事例を探すなら、高祖劉邦に仕えた軍師、陳平のケースなどが紹介できる。

陳平は成人すると、妻を娶ろうとしたが、金持ちのなかには娘を与えようとする者がおらず、貧乏人は平の方が嫁にもらうのを恥じた。こうして時が過ぎたが、戸牖《こよう》郷の金持ちに張負という者がおり、その孫娘は五回嫁いで、そのたびに夫が死に、敢えて嫁にもらおうとする者がいなかった。平はこれを嫁にしようとした。…（中略）…張負は「陳平ほどの美男子が、いつまでも貧乏のままでいやしまい」と言って、結局娘を与えた。平は貧しかったので、結納の金を貸してやり、宴会の酒・肉の費用も与えて、娘を輿入れさせた。（『史記』陳丞相世家）

多くの複雑な儀礼はともかく、せめて結納を取り交わし、お披露目の宴会くらいは開きたい、というのが一般的な事情だったようである。

婚姻届の提出——同棲・入籍・事実婚

こうして夫婦となった二人は、今でいう「婚姻届」のようなものを、官署に提出した。

女子甲は人の妻となったが、逃げ去った。捕まえられたとき、および自ら出頭してきたとき、未成年で身長六尺未満だった。これは裁くのに相当するか、相当しないか。すでに官に申告していたなら、裁くのに相当し、まだであれば、相当しない。（法律答問166）

「六尺」というのは一三五センチメートル程度だから、甲はまだ年端のいかぬ子供だったのだろう。決して本人が望んで結婚したのではなく、それゆえに婚家から逃げ出したのに違いない。とはいえ、これは逃亡罪に当たる。すでに官府に申告（原文は「官する」）しておれば、甲はその罪で裁かれた。だが申告がまだであれば、裁きを免れることができた。正式な手続をふんでおらず、従って甲の本籍地が元のままであれば、「逃亡罪」が適用されなかったのかもしれない。

これとは逆に、離婚した場合にも何らかの届けが必要だった。

法文には「妻を離縁して書面を提出しなければ、貲二甲」とある。離縁された妻もまた裁くのに相当するか、相当しないか。貲二甲である。（法律答問169）

離婚届の提出には法的な強制力があり、提出を怠れば貲二甲（罰金刑の一つ）とされた。一方、婚姻届についていえば、こちらの方は結婚しても提出しないという選択があり得たらしい。今でいう「事実婚」である。次の裁判案件にも、「事実婚」の夫婦が登場する。

『岳麓書院蔵秦簡』〔参〕に収められた裁判記録「識劫㛤案」（108〜136簡、案例⑦）は、始皇一八年（前二二九）八月付の告発が端緒となった案件である。第三章でも話のあらすじは述べたが、改めてその登場人物をくわしく紹介しておこう。

・沛《はい》：爵は大夫。資産家で、布を商う店や旅館を所有していた。自分の奴隷だった㛤《えん》を後妻に迎え、その二年後には親戚や里の人々に告げて、㛤を「入宗」させ、「里僤賦」を出し、冠婚葬祭の付き合いを始める。それから六年後に他界する。

・㛤：もとは沛の妾（女奴隷）だったが、沛と関係を持ち、子供ができる。沛の妻が死んだ二年ほど後、奴隷身分から解放されて庶人となり、沛の「妻」となった。沛の死後は、彼女の息子が後継ぎとして店舗や住宅を所有していた。

・識：爵は公士。もとは沛の隷（奉公人）で、彼と同居していた。沛の世話で妻を娶り、家・馬・耕地も買い与えられ、分家していた。その後、従軍中に沛が他界すると、帰郷してから、沛の店や旅館を相続する約束だったと主張する。だが㛤が承知しなかったので、㛤の税金の申告漏れをネタにして彼女を恐喝し、ついに店舗などをゆすり取った。

さて、この裁判で大きな問題となったのが、㛤の正式な身分である。亡くなった沛は「大夫」という高い爵位（第五等）を持っており、もしも㛤が沛の正妻であれば、彼女は「大夫の寡婦（「大夫寡」）」として法律適用の際に特別な待遇を期待できたようである。だが正妻でなければ、あるいはそれどころか奴隷身分のままであれば、同じ犯罪であっても与えられる刑罰が大いに違ってくる。そこで、彼女の戸籍を管理しているのであろう郷の役人が裁判に召喚され、その証言が求められた。

●郷嗇夫の唐・郷佐の更がいうには、「沛は婏を解放して庶人とし、戸籍には『免妾——解放された女奴隷——』と記載されています。沛は後に婏を妻としたそうですが、われわれには申告していません。いま戸籍上は免妾です。他のことは知りません」と。（岳麓〔参〕126）

なぜかは分からないが、沛は婏を奴隷身分から解放しただけで、正式な妻として申告してはいなかった。従って、戸籍の上では婏は沛の妻ではない。その一方で、沛は彼女を親戚（「宗人」）やご近所（「里人」）には紹介し、婏は近所の奥さんたちと同じように「里僤賦」も支払っていた。沛と婏は法律的には夫婦だったとはいえないが、社会的にはそう認められていたのである。たとえるなら、入籍はしていないけれども披露宴はやった、といったところだろう。

興味深いのは、この「事実婚」の関係が官吏によってまったく無視されているわけではない、という点である。裁判記録の末尾に、次の二つの判決案が記されている。

官吏が処分を議論するに、婏は大夫□の妻であり、識は貲二甲に相当するという意見もあれば、婏は庶人であり、識は完城旦として、足かせをはめて蜀に移送するのに当たるという者もいる。（岳麓〔参〕136）

戸籍には「奴隷身分から解放されているが妻ではない」とあったのだから、婉の身分が公的には「庶人」、つまり「一般人」であることはすでに動かないようにも思われる。だが秦の法律官僚の意見は分かれ、「大夫の妻」だという者もいた。つまり事実として大夫の妻であったということを、この場合は考慮すべきだと主張する官吏もいたのである。

六礼をへて迎えた正式な妻から、主人と性的な関係にある女奴隷（「御婢」）に至るまで、「夫」の周りにはさまざまなパートナーがいた。彼女らは法律的・社会的地位に応じて厳密に区別される一方で、たとえば「父親の〝妻〟と密通した」という場合には、御婢もまた妻と同列に扱われた（二年律令195）。いかなる関係にある男女を「夫婦」と認定するのかをめぐっては、戸籍に従って杓子定規に判断されていたのではなく、ケースバイケースの対応がとられていたのだろう。

第二節　夫婦関係

妻たちの立場

結婚した二人のあいだの関係が実際にはいかなるものであったにせよ、その法律上の力関係についていえば、圧倒的な優位に置かれていたのは、もちろん夫の方である。たとえば、夫婦喧嘩でどちらかが手を挙げた場合。

妻が乱暴で、夫がこれを殴打・笞打ちしたとき、凶器を使用していなければ、傷を与えたとしても、無罪とする。（二年律令32）

妻が夫に対して従順でなく、そのために夫が暴力を振るったのならば、そして刃物などを使用したのではなければ、たとえ妻が傷を負ったとしても、夫が罪に問われることはない。これとは逆に、妻が夫を殴ったならば、有無を言わさず労役刑に当てられた。

妻が夫を殴打したならば、耐隷妾（無期労役刑の一つ。男性は「隷臣」、女性は「隷妾」とされる）。（二年律令33）

これが夫婦喧嘩でなければ、凶器は使わずに相手の骨や歯を折った者は労役刑で、傷を与えていなければ罰金刑とされている（二年律令27～28）。夫への科罰がいかに軽く、妻に対しては重かったかが分かるだろう。

さらに不倫に対するペナルティも、夫と妻とでは異なった。人妻が不貞を犯せば、重い労役刑に当てられる。

他人の妻と和姦した者、およびその和姦の相手は、いずれも完城旦舂とする。男の方が役人であれ

ば、強姦として裁く。(二年律令192)

「城旦舂」というのは無期労役刑のなかでも最も重い刑罰で、不倫を犯した人妻とその相手とは、この刑罰に処された。夫の方も、他人の妻に手を出したのなら同罪だったことになる。だが夫の姦通の相手が未婚女性であれば、それには通常の姦通罪が適用されたのだろう。

姦通罪を犯した者は、耐隷臣妾。姦通罪を犯した者を捕らえた場合は、かならず性交の現場で取り調べる。(張家山漢簡・奏讞書182～183、案例㉑)

右の条文に見えるとおり、姦通罪への基本的な科罰は「隷臣妾」刑で、「城旦舂」と同じく無期労役刑ではあるが、それよりも一等軽い刑罰だった。配偶者がおりながら浮気した場合でも、夫への処罰は妻より一等軽かったのである。

ちなみにいえば、「御婢」と呼ばれる女性が存在していたことからして、男が自ら所有する女奴隷に手を付けるのは「姦通」とは見なされていなかったと推察できる。そもそも、どのような性的関係が「姦通」、すなわち社会的に容認できない性行為とされたのかについては、男と女でその範疇が異なり、男性のほうがずいぶん緩やかであったに違いない。この点でも、夫と妻の立場は根本的に相違していたといえる。

一方、同じ「妻」ではあっても、正妻と第二夫人との間には、はっきりとした区別があった。法律条文には「下妻」「偏妻」といったぐあいに第二夫人の称謂が複数現れるが、それらの間にどのような違いがあったのか、正確なことは分からない。いずれにしても第二夫人の息子は、正妻に子供がいない場合にのみ、父の後継ぎとなることができた。

病死した者の後継ぎを置くとき、徹侯の後継ぎは徹侯とし、……不更の爵位を持つ者の後継ぎは上造、簪裊《しんじょう》の爵位なら公士とする。嫡子がいなければ、下妻の子や偏妻の子を充てる。（二年律令367〜368）

つまり通常であれば、父親の後継ぎとして爵位を継承できたのは、正妻の息子に限られたのである。下妻や偏妻の地位は、この他にもさまざまな点で正妻と相違した。たとえば、子供が父の正妻の父母を殴ったなら死刑にされた（二年律令35〜37）が、それが偏妻の父母であれば「贖耐」という、やや高額の罰金刑ですまされた（二年律令42〜43）。偏妻の方がずいぶん下に置かれていたことが分かるだろう。

さて、ただでさえこのように哀れな妻たちの立場が、さらにいっそう哀れなものとなるのは、夫が重い罪を犯した場合である。男が「城旦」刑という最も重い無期労役刑や、それよりさらに重い刑罰に相当するような罪を犯したならば、犯罪者本人のみならず、彼の妻、未成年の子供、財産、さらには支給されていた耕地・宅地までもがすべて没収された（二年律令174〜175）。没収された妻や子は「収人」と呼ばれ、官有労働力として使役され、時には希望者に売却されることすらあった。子供が幼ければ「母親と一緒に没収する」とわざわざ述べられている（法律答問116）からには、通常であれば妻は妻、子供は子供として別々に没収され、労役に就けられたのだろう。夫が重罪を犯したなら、その家族はまさに解体され、各自が隷属者としてその後の人生を送ることになったのである。その重い罪が実は冤罪だったならば、官がすでに売却された妻子や財産をあがなうことになっていた（張家山漢簡・奏讞書、案例⑰。第五章第二節で紹介した）ものの、果たして家族が再び一緒に暮らせる日が訪れたのか、いささか心許ない。かかる没収制度が秦代、さらに前漢の文帝によって廃止されるまでは前漢の初頭にも、確かに行われていたのである。

ただし、こうした厳しい没収措置も、罪を犯したのが夫ではなく妻であれば、かなり話が変わってくる。細かい条文解釈上の問題もあるのだが、どうやら国家反逆罪などの、極めて重大な犯罪には夫も連坐したものの、それ以外の罪であれば、犯罪者の夫が没収の対象となることはなかったようである。この点でもまた、夫と妻の立場は大きく違う。

そもそも、なぜ罪人の配偶者を没収する制度が設けられていたのだろうか。もしもそれが犯罪の抑止を主たる目的として設けられていたのなら、犯罪者の性別により処遇が異なるのはおかしい。女性とて殺人罪や重い窃盗罪を犯し、城旦舂以上の刑罰に当てられることがあっただろう。そうした犯罪を未然に食い止めることが目的なら、犯罪者が男性であろうと女性であろうと、その配偶者を没収することになっていなければ筋が通らない。従ってこの没収制度は、「近親の連坐により犯罪を抑止する」ために生まれたのではなく、むしろ「刑罰の一環として犯罪者の〝財産〟を没収する」という意図の下に設けられたと見たほうがいいだろう。妻が夫の財産や田宅とともに没収されたのは、彼女が夫に帰属する「財産」の一部だったからであり、一方で夫が没収対象とならないのは、彼が妻の「財産」とは認識されていなかったからだろう。法律条文中における妻たちの立場は、徹底した男性中心主義の原則に従っておしつけられていたのである。

離婚された女たち

家庭内における妻の立場の弱さは、その婚姻関係を解消する際にもあからさまとなる。離婚の条件は「三不去七出」などと称され、妻との離婚が認められない三つの条件（帰る家がない、ともに舅姑の三年間の喪に服した、以前は貧賤だったが後に富貴となった）に対して、離婚の正当な理由は七ヵ条（舅姑に従わない、子供が生まれない、淫乱である、嫉妬深い、悪疫に感染している、おしゃべりである、財産を盗んだ）にものぼる（『孔子家語』本命解）。婚姻解消の権限は、男性の側に握られていた。

ただし、実際には例外もあった。先に紹介した張耳の事例（一二八～一二九頁）では、張耳との結婚を望む女性の方が、頼りない今の夫をお払い箱にしている。嫁ぎ先と実家との力関係によっては、妻に頭の上がらない男たちも少なくなかったに違いない。

実家に相応の財産があり、かつそれを継承する男子がいない場合は、娘が父の田宅を受け継ぐこともあった。正確にいえば、爵位の継承順位は①息子→②娘→③父→…で（二年律令369～371）、「戸」の継承順位は①息子→②父母→③妻→④娘となっている（二年律令379～380）。だから、たとえば父親が死亡した時に男兄弟がいなければ、娘が暫定的に父の爵位を継承し、さらに彼女が成人していて、他に父親の戸を継承すべき者（祖父母や母）もいなければ、父の田宅も彼女が占有することになった。そのような娘が他家に嫁ぐと、娘の持っていた田宅は夫の田宅と併合された。

女子が父母の後継ぎとなってから嫁いだ場合、夫に妻の田宅を自分の田宅と併合させる。宅地は隣接していなければ併合できない。離婚された妻（「棄妻」）や夫と死別した妻は、自分の田宅を取り戻して、自分の戸を構えることができる。棄妻には、これにその財産を与える。（二年律令384）

ただし、右の条文の後半部分から知られるとおり、娘の田宅が完全に夫のものとされたのではない。娘が夫と離婚ないしは死別したならば、彼女の財産だった田宅は返却され、改めて自分の戸を構えることができた。いわば田宅の併合は、婚姻関係が続いているあいだの暫定的なものだったのである。

妻の持参財産が尊重され、完全に夫の名義に書き換えられなかったことは、次の史料からもうかがえる。

夫に罪が有り、妻が先に告発したならば、妻は没収されない。妻の持参財産である奴隷や衣服・器物は没収に相当するか、相当しないか。没収に相当しない。（法律答問170）

前項で紹介した、犯罪者の妻を没収するという措置は、妻が夫の罪を先に告発したなら免除された。さらに、夫の財産は没収されたものの、その中に妻の持参財産が含まれていたならば、それはしっかりと区別され、没収対象から外されたのである。

離婚した妻たちは、自分の持参財産は持ち帰ることができた。だが夫とのあいだに生まれた子供たちは、夫の家に留められた。そしてもしも夫が後妻を迎え、新たに子供をもうけたならば、先妻の子は、より年長であるにもかかわらず、後妻の子の下に置かれた。

後妻に後継ぎとなる男子がいなければ、離婚された妻の男子【を後継ぎとする。】（二年律令381）

離婚された妻の子は、後妻の子と後継ぎの資格を争うことができない。（二年律令380）

先妻が死亡したのなら、その子供が後妻の子よりも優先されたのだろうが、離婚によって夫の家を出た場合は、子供は嫡子の座を失ったのである。やはり離婚によって割を食うのは、女性の方だったといわざるを得ない。岳麓書院所蔵簡には、離婚した妻と出くわした前の夫が、暴力を振るってこれを手込めにしようとしたにもかかわらず、ぬけぬけと「仲良く横になっていただけだ」とシラを切っている案件（岳麓〔参〕案例⑪）や、離婚された女性が田んぼの仮小屋のなかで殺され、衣服を剥ぎ取られていた事件（同案例⑨）が見える。離婚後の彼女らの人生が、決して容易なものではなかったことがしのばれる。

寡婦の人生

一方、離婚ではなく、夫と死別して再び独り身となった女性には、どのような人生が待ち受けていたのだろうか。

前項で触れたとおり、戸の継承順位は①息子→②父母→③妻であったから、夫亡き後、息子がおらず、舅・姑も他界しておれば、寡婦が後継ぎとなった。

寡婦が戸の後継ぎになれば、田宅を与え、息子が後継ぎになった場合に取得したであろう爵位になぞらえて処遇する。後継ぎとなるにはあたらないが、戸を構えて田宅を減殺して受けようとすれば、庶人として田宅を与えるのを許可する。…（二年律令386）

右の条文の後半部分によると、他に後継ぎがいた場合でも、その後継ぎを戸主とする世帯に入るという選択肢の他に、寡婦が独立して自前の戸を立てることもできたようである。

ただし、たとえ夫の戸を継承したとしても、夫の財産がすべて寡婦の物になったわけではなかった。寡婦が戸主となるのはあくまで臨時的な措置であり、その戸の財産は将来しかるべき者の手に継承されていくべきだと、考えられていたようである。

〈寡婦が戸を継承したものの？〉夫の兄弟および息子の中で、同居して名籍を同じくする者がいれば、田宅を売ったり婿を取ったりさせてはならない。家を出て他人の妻になるか、もしくは死んだら、継承順位に従って戸を継承させる。（二年律令387）

この条文は、前文からどのように繫がっているのか、文脈がよく分からず、またそもそも「夫の…息子」がいるのなら、その者が後継ぎになるはずなので、意味するところも十分には理解できない。あるいは「息子」がごく年少で、継承者となり得ないケースなどが想定されているのかもしれない。いずれにせよ、夫の一族のなかに、将来的にはその戸の継承者となり得る男子がいたならば、寡婦が田宅を勝手に処分したり、婿（「贅」）を取ったりすることはできなかった。寡婦が後継ぎとなったのは、いわば急場しのぎの代役としてだった。

右の条文は同時に、夫の兄弟など、将来田宅を継承することになりそうな候補がいなければ、寡婦が婿を取り、子を生み、将来はその子を継承者とするという選択肢もあり得たことを暗示している。おそらくは赤の他人を婿にしたのではなく、夫の遠い親戚などから婿を選び、新たな所帯をなしたのだろう。寡婦は亡き夫の代役として、その田宅を後世に継承させる役割を負わされていたのである。

ただし、これは寡婦が夫の家に残った場合の話である。代役としての務めを果たす必要がなければ、寡婦は自由に他家に嫁ぐことができた。たとえば、先に挙げた陳平の妻は、五回も夫と死別した後、さらに再婚したというケースである（一三一頁）。当時の法律官僚も「夫が死んだ後、妻が自ら他家に嫁いでも、娶った者は罪に問われない」とはっきり言っている（張家山漢簡・奏讞書180～196、案例㉑）。

とはいえ、この奏讞書・案例㉑に登場する寡婦の場合は、その行動があまりにも奔放で、それゆえに物議を醸している。時はおそらく秦代のこと、咸陽近郊の町、杜県（現在の陝西省西安市雁塔区）で暮らしていた一人の男が病で世を去った。残された妻は姑と二人でその棺を堂に安置すると、それを取り巻いて声を立てて泣き、お通夜を行っていた。そのさなか、あろうことかこの寡婦は、他の男と一緒に棺の後ろの小部屋にかくれ、そこで情事にふけったのである。あくる朝、それに気づいた姑が嫁を告発し、彼女は役人によって取り調べられることになった。当初、彼女に下された判決は以下のとおり。

妻が喪主となる順位は夫の父母に次ぐ。そもそも父母が死に、未だ埋葬していないのに、お弔いのかたわらで姦通すれば、不孝に当たり、不孝ならば死刑である。不孝よりも一等減ずるのであれば、その罪は黥城旦春に相当する。…（ただし死んだ夫は公士の爵位（第一等）を持っていたので、減刑して）…この女は完春に相当する。

「黥《げい》」というのは入れ墨刑で、本来ならば入れ墨を加えた上で、「城旦春」（最も重い無期労役刑。男は「城旦」、女は「舂」とされる）とするのに相当する、という判断である。これは二年律令に見える、人妻の和姦への科罰よりもさらに重い（192簡、一三六－一三七頁）。だがそこに、出張中だった「申」という名の役人が戻ってきて、判決はがらりと変わった。

〈申が〉議論して言うには「この刑罰の引き当ては正しくない。律には『不孝ならば死刑』とある。父が健在でありながら、これに三日間食事を与えなかったならば、役人は子をどのように裁くのですか」と。廷尉裳らは「死刑に相当する」と答えた。さらに申は「父が死亡していて、三日間これを祠らなかったならば、子はまさにいかように裁かれるべきですか」と問うた。廷尉裳ら「裁くに相当しない」と答えた。〈さらに申が〉「子が存命中の父の言いつけを聴かなくても構わない、死んだ父の言いつけを聴かない方が重罪だというのですね」というと、裳らは「いや、死んだ父の言いつけを聴かなくとも、罪とはならない」と。さらにいうには「夫が生きておりながら自分から他に嫁ぐ罪などしれていて、夫が死んでいて自分から他に嫁ぐ罪の方が重いのですね」と。廷尉裳らは「いや、夫が生きておりながら自分から他に嫁した者、及びそれを娶った者は、いずれも黥城旦舂だ。夫が死んでいて、妻が自分から嫁した場合、およびそれを娶った場合には罪とはならない」と。さらに「生きている夫をあざむいても構わない、死んだ夫を欺く罪の方が重いというのですね」というと、裳らは「いや、死んだ夫を欺いたとしても、裁かなくてよい」と答えた。……裳らは「誠に誤りであった」と認めた。

確かに彼女はすでに「人妻」ではなく、それゆえに彼女の行為は「人妻の不倫」には該当しない。それでも社会的にはとても容認できない振る舞いで、「姦通」には相当するかもしれないが、姑が告発したのは翌朝のことで、性交渉の現場を押さえてはいなかった。従って「姦通罪」も成立しない（一三七頁）。

申の判決が妥当ということになる。

「あるべき夫婦像」の推移

それにしても、こうした寡婦の行為に対し、何の罰も与えられなかったというのには、いささか驚かされる。だが一方で踏まえておかねばならないのは、中国でもより古い時代には、後代ほど「男尊女卑」ではなかった、という事実である。

先に、夫が妻を殴った場合の処罰規定を紹介したが、そこで示したのは二年律令、すなわち漢代初頭の法律条文である。時計の針をそこから秦代へと巻き戻すと、これとはかなり異なる規定が現れる。

妻が乱暴で、夫がこれを殴り、耳が切れたり、四肢や指を折ったり、脱臼させたりしたならば、夫をどのように量刑するのか。耐刑に相当する。（法律答問79）

↓

妻が乱暴で、夫がこれを殴打・笞打ちしたとき、凶器を使用していなければ、傷を与えたとしても、無罪とする。（二年律令32〔再掲〕）

二年律令では、凶器を用いたのでなければ無罪だったが、秦代の法律答問に遡ると、凶器の有無を問わず、妻に重い傷を負わせたならば、夫は耐刑とされている。これは無期労役刑で、一般人同士の傷害に対する処罰とほぼ等しい。秦代における妻の立場は、この点では漢代よりもずいぶんましである。法律上の夫婦間の力関係は、一貫して不変だったのではなく、徐々に変化し、次第に男性優位へと傾いていったのだろう。こうした変化が秦代に起こっていることを、別の角度から物語る史料もある。

●始皇二六年十二月戊寅（二十六日）以降は、母の後夫を「仮父」と呼んではならず、父が同じでない場合は、みだりに兄・姉・弟と認定してはならない。命令に違反する者は耐隷臣妾とし、互いに夫婦となってはならない。互いに夫婦となった者および互いに姦通した者は、いずれも黥城旦舂とする。〔前夫とのあいだに〕子がいる場合は、その前夫・前夫の子の財産を持って嫁いだり、それを姉妹の夫に渡したり、後夫・後夫の子に与えたり、姦通の相手に与えてはならず、命令に違反した者および受け取った者は、いずれも盗罪として裁く。母が改嫁し、子がその財産を母の後夫・後夫の子に与えた場合は、死刑。受け取った者は、盗罪として裁く。（岳麓〔伍〕1～4）

始皇二六年（前二二一）、すなわち秦が東方の六国をすべて滅ぼした年か、それ以降に発せられた命令である。そこでは「後夫」、つまり寡婦が再婚した相手の男を「仮父——義理のお父さん——」と呼ぶことや、父親が異なる兄弟、すなわち異父兄弟を「兄さん」「姉さん」と認定することが固く禁じられている。違反した場合の処罰は隷臣妾刑、つまり無期労役刑で、これはにわかに信じられないほど重い。後段には前夫の財産を寡婦が外に持ち出すことへの科罰が見え、また前夫の子が自分の意思で財産を与えるのもダメだとされている。母親が再婚するとき、前夫の息子が再婚相手にお祝いを贈ることすら禁じられ、違反者は死刑とされたのである。

もちろん、広大な秦帝国の領域内には、さまざまな婚姻文化があった。たとえば長江下流の旧越国の領域では、なお「淫乱」な風俗が残っていて、妻が子を置いて駆け落ちし、別の男と結婚しても、母と子の関係はなおも途切れなかったらしい（『史記』秦始皇本紀　会稽山刻石）。多夫多妻が許容されているような状況だったのだろう。

だが大勢として、もはや「多夫」など論外であり、入り婿（「贅壻《ぜいせい》」）や再婚相手の男（「後夫」「後父」）も、社会的に好ましからぬ者として蔑視されていた。睡虎地秦簡「為吏之道」に記された魏の戸律・奔命律では、こうした人間に田宅を与えてはならないし、本当なら殺してしまいたいところだが、それも忍びないので、彼らを軍隊に投入して粗末な食糧でこき使い、城攻めで人手が足りなければ、最も危険な堀を埋めるという任務につけよ、などと命じられている（為吏之道16－5～21－5、22－5～28－5）。父――子関係を軸とした家族制度が一般化するなかで、入り婿や後夫は父から子への財産継承を混乱させる存在として、なかばタブー視されるようになっていた。右に挙げた岳麓簡の規定は、寡婦の再婚自体を禁じたものではないが、再婚した女性を前夫の家から、親戚づきあいにおいても経済的関係においても、完全に切り離すよう命じている。財産争いをはじめとした、無用ないざこざを回避するための法律条文だといえる。

父系による結びつきのみを公認し、母系を無視しようとする傾向は、近親相姦に対する処罰規定の変化にも見てとれる。秦代には、異父兄弟間の性行為も、近親相姦として重く罰せられていた。

母親は同じだが父親は違う者同士が姦通したならば、どのように裁くのか。死刑である。（法律答問172）

一方で注意せねばならないのが、右の史料が「法律答問」、つまり法文注釈書だという点である。おそらく法律には異父兄弟の扱いについて明文がなく、それゆえにこうした注釈が必要となったのだろう。「異父兄弟は〝兄弟〟じゃないのでは？」というためらいが、問答の背後に透けて見える。

漢代にも兄弟間の近親相姦は重く罰せられた。

兄弟（原文は「同産」）同士が姦通したなら、もしくは娶って妻としたり、妻となったりしたならば、いずれも死刑とする。強姦の場合は、強制された方を免罪とする。（二年律令191）

ここでは「〝同産〟の姦通」と記されており、「同産」が異父兄弟をも含んでいた可能性は否定できない。だが、通常「同産」は「同姓」、つまり同父兄弟を指す（『漢書』元后伝注）。異父兄弟は「兄弟」と見なされなくなり、社会は次第に「父系化」する傾向にあったものと考えられる。

こうした傾向に拍車をかけた一つの重要な要素が、儒教倫理の浸透であろう。たとえばよく知られた

「三従の義」（『儀礼』喪服）においては、女は「まだ嫁いでいなければ父に従い、既に嫁いだら夫に従い、夫が死んだら子に従う」ことになっている。夫は妻にとっての「天」であり、「天」が一つしかないのと同様に、夫も一人しかあり得ない。そこでは寡婦の再婚など、もはや考えられない。後漢時代の才女、班昭《はんしょう》は言う。

礼には、夫が再婚する道理は書かれているが、妻が再婚することは書かれていない。（『後漢書』列女伝　班昭「女誡」）

これはあくまで「礼」の世界における話であって、法律により再嫁が禁じられたわけでは、もちろんない。しかし再婚した女性に向けられる社会の目は、ますます厳しいものとなっていた。

前漢の終わり頃になると、出土文字史料にも面白いテキストが現れる。尹湾漢墓から出土した「神烏賦」は一種の文学作品で、カラスのつがいのうち、メスが傷を負い、いまわの際に夫に向かい別れを告げるさまが描かれている。仲睦まじいカラスの夫婦の話を通じて、あるべき夫婦の関係を説いた作品、といったところである。その遺言のなかで、カラスの妻は夫に早く再婚するよう促している。

死んだ者のために生きている者が傷つくというのは、いにしえの聖人も禁ずるところです。早くお行きになって、あらためてよい奥さんをお捜しください。でも後妻さんのいうことばかり聴いて、

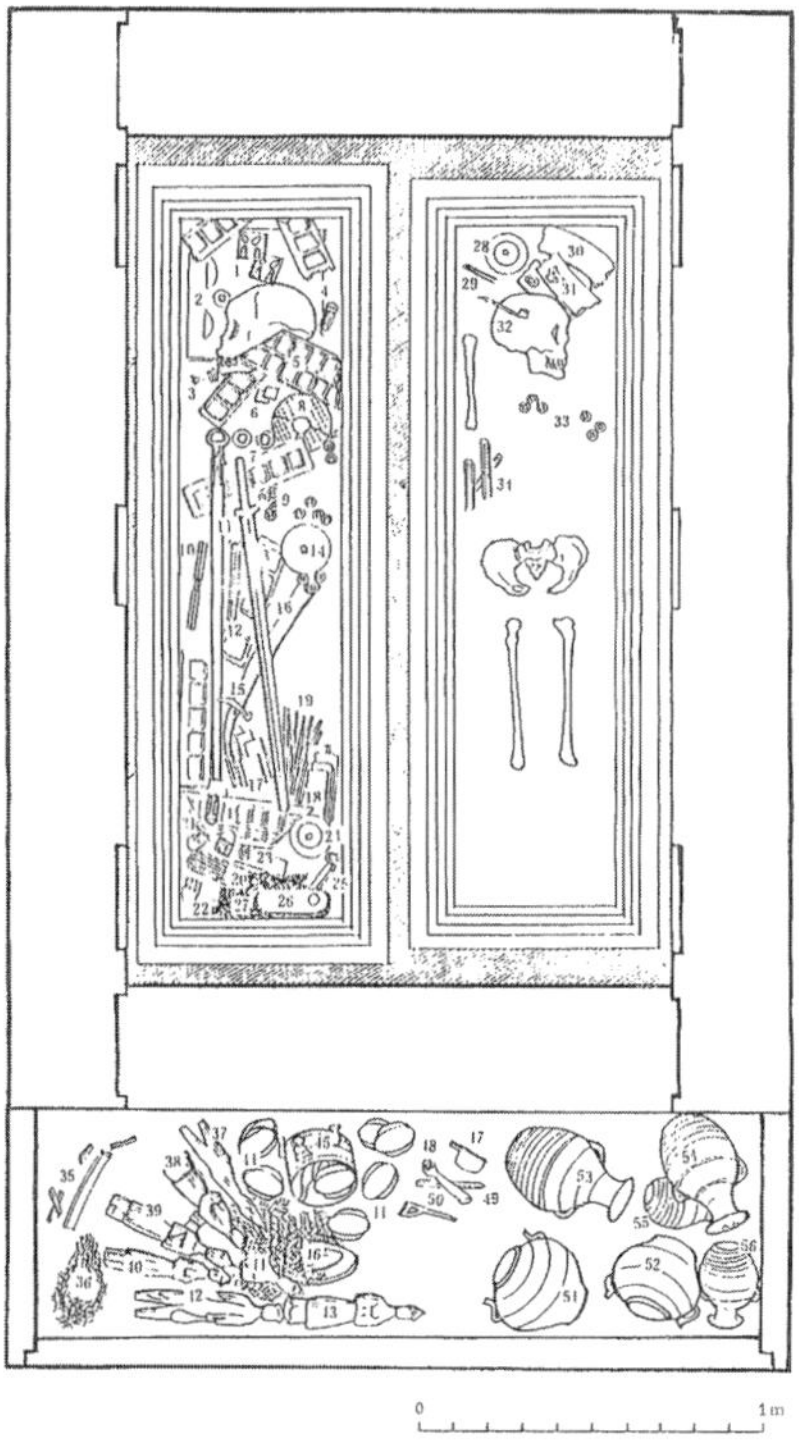

図17　尹湾六号漢墓平面図（左が夫、右が妻の棺）

　残された坊やを悲しませないでね。

　もちろん、現実社会における夫婦の関係はさまざまである。江蘇省儀徴県の胥浦《しょほ》一〇一号漢墓からは、三人の男性との間に六人の子をもうけた女性の息子とされる人物の遺言状（「先令券書──遺言を記した券書──」。第八章参照）が出土していて、彼女の生きざまは「二夫にまみえず」どころではない。この遺言状は元始五年（西暦五年）の年号を持ち、尹湾漢簡とほぼ同時代である。こうした女性が確かに暮らしていた一方で、儒教の教義に沿った夫婦関係（「貞」）は着実に社会に浸透しており、それはまさに禽獣の世界にも及んでいると観念されていたのである。

　ちなみに尹湾漢簡の出土した尹湾六号漢墓は夫婦合葬墓である（**図17**）。同じ墓室のなかに夫婦二人の棺が並べられており、こうした形式を「同穴合葬」墓という。異穴合葬は古くから見られるが、この同穴合葬が増えてくるのは、中原では前漢中期、辺境では前漢後期かららしい。こうした墓葬様式の変化も、夫婦の「固い絆」を重んじる——あるいは義務としてそれを強制する——風潮と無縁ではなかっただろう。

夫婦関係のあり方がこのように変化していくなかで、秦代が一つの画期なのだとしたら、喜の妻たちがどのような人生を送ったのか、大いに気になるところである。だが編年記にはまったく記載がなく、彼女らの名前すら残されていない。

第七章　従軍生活——秦の戦役史と軍事制度——

十三年、従軍。
十五年、従平陽軍。（編年記20・22、第二欄）
始皇一三年（前二三四）、従軍した（二十九歳）。一五年（前二三二）、平陽で従軍した（三十一歳）。

第一節　秦の軍事制度

秦の戦役史

鄢県で治獄の任に就いた翌年、喜は二十九歳で最初の従軍を経験している。その時の任地は分からない。二年後、再び従軍した時については、平陽《へいよう》という場所で軍務に就いたとされている。平陽は現在の河北省臨漳《りんしょう》県附近に位置し、戦国趙の都であった邯鄲《かんたん》から、わずか三十キロほど南に行ったところである。当時、秦は趙と激しく争い、一進一退の攻防を続けていた。始皇一四年（前二三三）に秦は平陽を平定すると、そこを足がかりにして邯鄲への攻勢を強めており、鄢県にいた喜もそのために徴発され、はるばるこの地に派遣されたのである。

趙の国は秦にとって、東方にあった最大のライバルだった。喜が数えで三歳の時、秦と趙が長平というところで激突し、秦軍が大勝を収めたことは既に述べた。この時、確かに趙の軍勢は大きな被害を受けたが、一方で秦が被った損害も小さくなかった。秦軍の総大将であった白起《はくき》自身が「いま秦は長平の軍勢を打ち破ったが、秦の兵卒の戦死者は全体の半数を超え、国内にもう兵はいない」（『史記』白起列伝）と告白している。一気に趙を滅ぼすにはいたらず、むしろ秦でも徴兵制度の立て直しが必要となったらしい。その痕跡が編年記にも残っている。

昭襄王五三年（前二五四）、役人が推薦して従軍させるようになった。（編年記53、第一欄）

この記事の意味するところはいま少しはっきりしないのだが、昭襄王五三年の時点で喜はまだ九歳なので、彼が「役人に推薦されて従軍した」のではない。これは喜の個人史に属する記載ではなく、秦国の大事件であり、この年に何らかの兵制改革があったのではないかと推測される。

ちなみにいえば、前章（一四九頁）で紹介した、入り婿や寡婦の再婚相手を「軍隊に投入して粗末な食糧でこき使え」という魏王の命令は、魏の安釐《あんき》王の二五年（前二五二）に出されたもので、これとほぼ同時代である。秦と六国の抗争もそろそろ最終局面へと近づいてきていて、各国はなりふり構わぬ兵員調達を進めていた。

とはいえ、この時期が「最終局面」だと分かるのは、われわれが後世の人間だからであり、当時の者たちはこれから秦と六国との関係がどうなるのか、戦争が続くのか、それとも平和が訪れるのか、何も分かりようがなかった。それは前二四七年に即位した秦王政、つまり後の始皇帝にとっても同じだった。彼——政はわずか十三歳で即位したので、正確にいえば彼の補佐役たち——は当初から六国を滅亡させようとしていたわけではなく、六国を服従させつつ、互いに共存する道も模索していたようである。

ところが、やがて政が親政を始めた頃から、徐々に潮目が変わってくる。秦は趙や楚への遠征を再開し、盛んに大規模な兵力動員を行うようになった。第二章で述べた、あらゆる男子に年齢を申告させよとの命令（前二三一）も、その中で下されたものである。喜はこの征服戦争に巻き込まれ、鄢県から直線距離でも六〇〇キロ近く離れた邯鄲附近まで、はるばる遠征させられたのである。それから後、六国滅亡にいたるまでの、編年記に載せられた秦の戦役史を紹介しておこう。これらの記載は史書に残る記事と矛盾せず、編年記の正確さを物語る。

始皇一六年：年齢を自己申告させた。〔「**自占年**」〕
〃 一七年：韓を攻め滅ぼした。〔「**攻韓**」〕
〃 一八年：趙を攻めた（→翌年趙は滅亡）。〔「**攻趙**」〕
〃 一九年：…南郡が警戒態勢をとった。〔「**□□□□南郡備敬**」〕
〃 二〇年：韓王が…山に身を置いた。〔「**韓王居□山**」〕
〃 二一年：韓王が死んだ。昌平君の身柄が移された。…〔「**韓王死。昌平君居其処、有死□属。**」〕
〃 二二年：魏を攻め滅ぼした。〔「**攻魏梁**」〕

〃二三年：大動員を行い、楚を攻めた。…（→翌年楚は滅亡）。〔□興、攻荊、□□守陽□死。四月、昌文君死。□〕

〃二四年：…〔□□□王□□□〕

〃二五年：〔記載なし〕（この年に燕が滅亡）

〃二六年：〔記載なし〕（この年に斉が滅亡）

始皇二六年（前二二一）に斉を滅ぼし、六国のすべてを征服するまで、「自占年」の年から数えれば、わずかに足かけ一一年である。秦の征服戦が、どれほど急激にその戦線を拡大させたのかが分かるだろう。

徴兵制度の詳細

こうした秦の軍事行動を支えていたのが、民を兵士として徴用し、戦地に派遣するための制度であった。以下にその詳細を紹介しよう。

秦代の徴兵制度は、土木工事や物資運搬に一般の労働力を動員するためのシステム——徭役制度——と一体になって行われていた。民が兵役ないしは徭役に服したなら、その服役日数は同じ帳簿に記録され、新たに兵士や徭役人夫を徴発する際には、その帳簿が参照され、派遣されるべき人間が選択されたのである（岳麓〔肆〕244～247）。

正確にいうと、この「労役動員の原簿」となったのは、通常の木簡ではなく、割り符である。毎年、労役に服すべき成人男子一名につき一組ずつ、三尺の長さの割り符が作成された。三尺は七十センチ弱だから、相当に長い割り符である。それぞれの割り符には、各自の名前や居住地などが当然記入されたのだろうが、それに加えてその者の財産（「厚」）の多寡も記された。第三章で述べたとおり、派遣すべき人員の選択は郷において、郷嗇夫と里典とが共同で行ったが、人選の際には割り符に記された財産の多寡が考慮され、農繁期には富める者が、農閑期には貧者が選ばれた。この場合の「財産」には、金銭や財物だけでなく、どうやら同居する家族の数なども含まれていたようである。戸主が不在でも生業に支障をきたさない家から、優先的に労働力が徴発されたのだろう。ともあれ、こうして出来上がった割り符は、少なくとも二枚に分かれ、一方が郷で、他方が里で、別々に保管された。

何らかの用務があり、実際に徭役に服したなら、それがたった一日の労役であったとしても、そのことが割り符に記入され、同時に日数と対応する数の刻み（「刻歯《こくし》」）が割り符に加えられた。その時には、里にある割り符を里典が郷嗇夫のところに持参し、郷にあるものと重ね、箇の側面に刻みを入れて、日数を記した。これにより、服役日数が不法に改竄されるのが防がれたのである。割り符が非常に長いのは、こうして五月雨式に記載が追加されていったからであろう。

やがて年末を迎えると、各自が一年間に服した徭役の日数が合計され、それが一年間に服役すべき基準日数より少なければ不足日数が、逆に多ければ余分に服役した日数が算出され、その数字が翌年の割り符に繰り越された。従って、服役者を選定する際には財産の多寡のみならず、前年度の服役の過不足も勘案され、里の成員同士のあいだで服役日数の不平等が生まれないよう、均等化が図られたのであろう。なかなかよくできた制度である。

　各人が毎年服役すべきものとされた労役の義務日数については、史料には「員――あらかじめ定められた数――」とあるだけで、具体的な日数は示されない。だが次の史料は、おそらく三十日が基準であったことを示唆している。


　県弩《けんど》は春と秋にそれぞれ十五日間弓矢の訓練をし、それを徭役に当てる。兵役の日数に超過分および不足分がある場合は、次の年に繰り越す。（二年律令414）

「県弩」は弩兵、つまり石弩を引く技能を持った専門兵であろう。彼らは戦争が起こらなければ動員されず、その代わりに春と秋に十五日間ずつ射撃の訓練に参加し、それによってその年の徭役に服したものと見なされた。十五×二、つまり三十日間が標準だったと考えられるゆえんである。ただし、どうやらこの基準日数は爵位によって異なったようである（二年律令407）。具体的な数字ではなく、ただ「員」とのみあるのはそのためであろう。

　以上が秦代の徭役制度の概略である。徴兵、すなわち兵役への徴発も同じ仕組みで行われていたが、ただしいくつか異なる点もあった。最も大きな相違は服役日数である。

●戍律。戍卒は月ごとに輪番交替する。…（中略）…。戍卒を派遣するにあたり、同居する者が同時に送られることはない。律に従わなければ、貲二甲。戍卒が部署にいて、父母・妻が死んだならば、葬儀に帰らせる。所属の県に報告し、県が命じて労役日数を充足させる。傜役に徴発された場合は、実の父母・祖父母・妻・子が死んだならば、葬儀に帰らせる。葬儀が終われば、そのつど労役日数を翌年に引き継ぎ、傜役を平等にする。(岳麓〔肆〕184〜185)

右の条文に見えるとおり、戍役、すなわち辺境防備の任務には、一ヶ月を単位にして服役する。土木作業や物資運搬などの傜役とは違い、兵士としての任務はまず配属先に赴き、たとえ特別な「仕事」がなかろうと、とにかく持ち場に貼りついていることが求められる。いわば継続的な労役である。それゆえに戍役については「一ヶ月」という任期があらかじめ設定されていて、輪番でこれに服役したのである。

その他、右の条文からは親族の死亡に伴う帰郷許可の規定が、戍役と傜役とで異なっていたことが分かる。傜役の場合は祖父母や子が死んだ時にも帰郷して葬儀に参加することが認められたが、戍役であれば父母と妻が他界したときに限られた。戍役の場合は任地が居所から離れていることが多く、そのために帰郷許可のハードルが高かったのだろう。

戍役は辺境防備の任につく役務だが、民を遠征軍の兵士として動員するのも、やり方はこれと同じだったと考えられる。ただし遠征軍に参加したなら、その任務はまず間違いなく一ヶ月では終わらない。そして実のところ、同じことは戍役についてもいえる。秦の領域がさほど広くない時代ならばともかく、領土が急激に拡大して以降は、他の諸侯国と対峙する最前線での防備の任務も、より長期化したに違いない。その場合は、徭役と同じく、余分に服役した日数が翌年以降に繰り越された。服役日数を割り符に記載し、基準日数に対する過不足を翌年に引き継ぐというやり方は、徭役も兵役も同じだったからである。従って、たとえばある人物が遠征軍に参加して一年間従軍したなら、基準日数（一ヶ月）に対する余剰分（十一ヶ月）が繰り越され、しばらくは兵役の対象から外されたのだろう。このように、各自の事情を勘案しつつも、土木事業や軍事作戦のために必要な労働力を社会全体で支える仕組みを、秦はすでに整えていたのである。秦が長期にわたる戦争を勝ち抜いた理由の一つが、この制度にあるといってもいいだろう。

軍功への褒賞

もう一つ、戦場における秦軍の強さを支えたものとして、信賞必罰の軍功評価が挙げられる。秦の昭襄王とほぼ同時代の人間である荀子（前三四〇？～前二四五？）によると、秦の強さの秘密は「恩賞で手なずけ、刑罰で取り締まり、天下の民がお上から利益を求める方法は、戦闘以外には道がないようにさせられている」（『荀子』議兵）という点にあったという。

図18　二十等爵一覧

⑳徹侯	
⑲関内侯	
⑱大庶長	
⑰駟車庶長	
⑯大上造	
⑮少上造	
⑭右更	
⑬中更	
⑫左更	
⑪右庶長	
⑩左庶長	「卿」
⑨五大夫	
⑧公乗	
⑦公大夫	
⑥官大夫	
⑤大夫	「大夫」
④不更	
③簪裊	
②上造	
①公士	「士」
士伍	

軍功に対する褒賞として与えられたのが、すでに何度も登場している秦代の爵位である。図18に示したのが漢代における「二十等爵」の一覧であり、秦代の爵位は、「卿」以上の高い爵位がこれと若干異なるとされるが、大夫・士階層に相当する爵位はまったく同じだった。兵士は戦場で敵の兜首を一つ挙げると、それに対して爵位が一級授与され、さらに手柄を重ねると、より上級の爵が与えられた。

兵士が命がけで爵位を得ようとするのは、それによりさまざまな利得が得られたからである。一級でも爵位を獲得すれば、耕地・宅地の支給面積が増えるというのはすでに紹介した。さらに爵位をかさねてゆけば、税制面でも優遇を受けた。たとえば第五級の大夫爵を得たならば、徭役の対象から外された（岳麓〔肆〕151〜153）。さらに第十級の左庶長まで到達し「卿」の身分となったなら、田租や芻稾税《すうこう》（まぐさやわらを納入する税）も免除された（二年律令317）。ただし戸賦は「卿」身分の者でも支払わねばならない（二年律令255）。賦はもともと軍事負担の代替税であり（第三章、五九－六〇頁）、むしろ高爵者こそが軍事の一翼を積極的に担うべきだと観念されていたのだろうか。

加えて、爵を二級手に入れて上造となると、肉刑（身体毀損刑）の免除が認められた。秦代の刑罰体系のなかには、入れ墨刑・鼻削ぎ刑・足切り刑・去勢刑というぐあいに、身体に回復不可能な毀損を加える刑罰が存在していた。これらの肉刑を加えられた者は、受刑後は無期労役刑徒として使役される。彼らは元の姿には二度と戻れないので、たとえ恩赦があったとしても、「隠官」という特別な身分に留め置かれた。だが上造爵以上の有爵者については、肉刑に相当する罪を犯した場合でもそれは適用されず、別の代替刑が与えられたのである（秦律雑抄4〜5、二年律令82）。

この他、爵を持っておれば傅籍される年齢が遅くなり（二年律令364～365）、逆に「免老《めんろう》」（税役を免じられる高齢者）とされる年齢が早くなった（二年律令356）。皇帝から特別な賜与を受ける場合にも、文給される額が爵位に応じて異なった（二年律令282～284、291～293）。さらに爵位が下の人間がより上級爵の者を殴ったら、対等な場合よりも刑が加重された。

　下爵が上爵を殴ったならば、罰金四両。同列以下の者を殴ったならば、罰金二両。（二年律令28）

この最後の事例は、爵位が皇帝と民との関係のみならず、社会の成員同士の上下関係をも規定するものだったこと――少なくとも爵位を与える側はそうあるべきだと考えていたこと――を意味していよう。いかなる理由によるにせよ、兵士たちが爵位の獲得を強く望んでいたことは、次のような事件の記録からもうかがえる。

　首を奪う　軍本営の某の爰書。某里の士伍である甲が男子の丙を縛って連行し、および兜首一つと男子丁とともにやってきた。甲が告げていうには「わたしは尉某の私卒で、邢丘《けいきゅう》の町でともに戦っていたのですが、本日、丙を本営の通路で見かけたのですが、故意に剣で丁に切りつけ、この首を奪おうとしていたので、捕まえて連れてきました」と。首を検分した。すでに丁の検分を終え、またその傷の状況も検分した。（封診式31～33）

邢丘（現在の河南省焦作市温県の東）という町は黄河の中流にあり、黄河と淮水を繫ぐ水路の起点にも近い戦略上の要衝である。昭襄王四一年（前二六六）、秦の軍勢がここに攻め込んでおり、そのことは編年記にも記されている。喜が生まれる四年前である。事件が起こったのは、この時のことかもしれない。

事件の中身はというと、一人の男が別の男に斬りかかり、彼が持っていた兜首を奪おうとしたのを、通りがかった人間が捕らえて連行してきた、という経緯である。なぜそんなものをめぐって争ったのか、理由はもう明らかだろう。

封診式には、邢丘で起こった同じような案件がもう一つ収められている。そちらの方では、争いの種となった兜首の外見が細かく検分されたうえで、最後に次のような問い合わせを行うよう、命じられている。

隊列からいなくなった者、および鹵獲《ろかく》されたが出頭していない者がおれば、本営の駐屯地にその者の顔が分かる者を来させよ。（封診式34〜36）

「隊列からいなくなった者」についての情報も求めているということは、兜首が敵のものではなく、味方のものである可能性も疑われているのである。爵位を欲するあまり、味方を背後から襲い、その首を自らの戦功だと偽る者もいたのだろう。おちおち味方にも気を許せない、殺伐とした戦場の光景である。

軍律違反への科罰

爵位が兵士を奮い立たせるための「アメ」だとすれば、軍規に違反したり、臆病で役に立たなかったりした者への科罰は、さしずめ兵士たちを引き締めるための「ムチ」に相当しよう。軍事作戦の妨げとなるさまざまな行為に対して、厳しい処罰が用意されていた。たとえば、兵士として徴発されながら、任地に赴かなかった場合。

　戍卒となるのに当たり、すでに命令を受けながら逃れて行かぬことが七日となったとき、もしくは辺境防備に当たっていて不法に部署から離れること、及び逃亡すること一日から七日に到るまでは、贖耐。七日をこえると、耐隷臣。三ヶ月をこえると、完城旦。（二年律令398）

兵士として派遣されることになった者は、出頭命令の後にまず集合地点へと赴き、本人と顔をつきあわせての点呼（「閲」）を受けたうえで、任地へと出発する。この出頭期日に間に合わなければ、あるいは任地に向かう途中や着任後に逃げ出したなら、処罰された。秦が滅亡するきっかけとなった農民反乱、陳渉《ちんしょう》・呉広《ごこう》の乱は、戍卒として徴発されたものの大雨のために足止めを食い、期日までの出頭が不可能となった陳渉たちが、「どうせ死刑になるのなら…」と蜂起したことに端を発する。『史記』陳渉世家では「失期、法皆斬――期日に間に合わなければ、法の裁きはいずれも死刑だった――」ということになっているが、二年律令での科罰はそこまで大雑把ではない。とはいえ、遅参した、あるいは逃亡した日数に応じて処罰が決められており、最も重ければ無期労役刑とされたのである。
戦闘時に責任を果たさなかった兵士たちも処罰の対象となった。二年律令に次のような条文が見える。正確にいえば国と国との戦争ではなく、盗賊を取り締まる際の規定なのだが、科罰の方針は似たようなものだったろう。

盗賊が鎮圧側の統率者や隊伍の者を刀や槍で殺傷したのに、捕らえることができなかったならば、いずれも二年のあいだ辺境防備の任務に就ける。三十日のうちに盗賊の半分以上を捕まえられたら、すべてその罪を免除する。捕まえられたのが半数より少なければ、捕まえた者に限って免除する。……（中略）……。腕・肘・もも・すねに重傷を負った者、あるいは斬り殺した者は免除する。盗賊と遭遇して逃げたり、および十分な力があって盗賊を追って捕らえることができたのに、……おじけづいて動こうとせず、怖がって近づかなかったりしたならば、その統率者の爵一級を奪い、免職とする。爵を持たない者は辺境防備二年とする。加えて、彼に率いられていた役人や人夫は、それぞれ卒として辺境防備二年とする。（二年律令140～143）

前半は、味方に死傷者が出たのに奮戦しなかった者への科罰規定で、その刑罰は戍辺刑だった。ただし三十日以内に盗賊の半数を捕まえれば部隊の全員が、半数に到達しなければ捕獲の手柄を立てた者のみが、刑を免れることができた。また手足に重傷を負い、十分に奮戦したことが分かる者も免除の対象とされた。後半は敵と遭遇しながら臆病にも戦いを避けた場合の処罰で、統率者や彼に率いられていた兵卒が爵位を奪われたり、戍辺刑にされたりしている。

こうした、戦闘時の不届きな行為を実際に取り調べた記録が、岳麓書院所蔵簡のなかに残っている（岳麓〔参〕237〜245、案例⑮）。簡の断裂や判読不能の文字があるため詳細はつかみにくいものの、この案件では三十名近い人間が、味方に死者が出たにもかかわらず、臆病にも逃亡したかどで取調を受けている。ただし逃亡者がみな同じように裁かれたわけではない。逃走した距離を確認したところ、一部の者は逃げること四十六歩、別の者たちは十二歩であったことが判明したのである。被告たちのうち、十二名が完城旦とされたのに対し、十四名が別の刑とされているのは、この逃走距離の違いなどが勘案されてのことだろう。

正直なところ、戦闘で敗北するたびに、かくも細かい調査が行われたとは思えない。逃げた歩数は本人の自己申告に拠るだけでなく、実際に計測して確かめたことになっており、戦場に立ち戻って調査を行うのが不可能な場合は一体どうしたのだろうかと、余計な心配すらしてしまう。とはいえ、実際にどれほど行われていたのかは別にして、秦代の裁判案例集には、確かにこうした事例が収められていたわけである。文字どおり「五十歩百歩」（『孟子』梁恵王）の大雑把な処罰ではなく、非常に細かい責任追及を行うのが、あくまで秦代の原則だった。荀子ならずとも、この厳密な制度には驚嘆せざるを得ない。

第二節　兵士の日常

戦場からの手紙

さて、ここでいったん軍事制度からは距離をおいて、実際に従軍した兵士たちがどのような軍隊生活を送り、また退役後はどのように待遇されたのか、紹介してみよう。実のところ、彼らの日常を物語る史料はごくわずかなのだが、他ならぬ睡虎地一一号秦墓の近くから、格好の手がかりが発見されている。睡虎地四号墓から出土した、兵士の手紙である。

〔始皇二四年？・二五年？〕二月辛巳、黒夫と驚が中兄さんと母上さまにお手紙差し上げます。お変わりありませんか。先だって黒夫は驚と離ればなれになりましたが、いまはまた一緒です。黒夫が〔以前〕託けてそちらに送ってもらった手紙では「黒夫に銭を送ってください。夏服を入手して送る必要はありません」と申し上げました。いまこの手紙がもし届いて、お母さんが見繕ってみて安陸県の糸や布が単衣の袴やシャツを作るのに手頃な値段であれば、どうかきっと服をつくって、銭と一緒に送らせて下さい。もし糸や布が高いなら、ただ銭だけを送ってくだされば、黒夫が自分で布を買ってつくります。黒夫らは淮陽《わいよう》で任務に就いていますが、もう長いあいだ敵の町を攻撃していて、数え切れないほどの負傷者がいます。どうかお母さま、不足がないように必要なものを黒夫にお送りください。手紙が届いたら、みなさんどうかお返事ください。……（後略）……（睡虎地四号秦

墓出土11号木牘　図19）

驚から衷兄さんと母上さまに、お変わりないかご挨拶もうしあげます。家の方々はみな……。衷兄さんと母上さまのおかげで元気に暮らしています。一緒に従軍し、黒夫と同じ所にいますが、二人とも元気です。……銭と衣服……、お母さんどうか五、六〇〇銭と、質のよい布二丈五尺以上……を送ってくださいますよう。……垣柏の銭を使用……。家から送ってくれなければ、死んでしまいます。至急お願いします。……（中略）……新占領地には不逞の輩が多いです。衷兄さんはどうか新占領地には行かれませんよう。（仕送りは）至急お願いします。（同墓出土6号木牘）

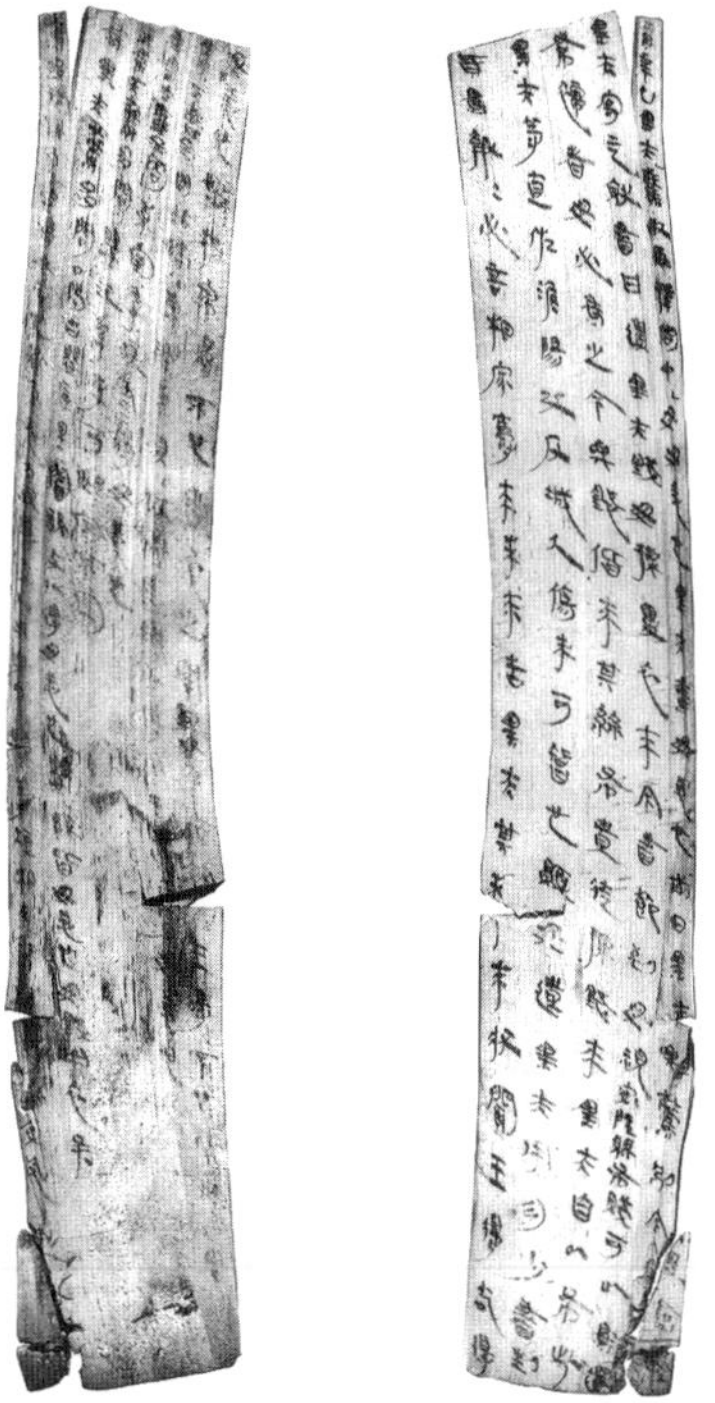

図19　睡虎地四号秦墓出土11号木牘（右が正面、左が背面の赤外線写真）

手紙の差出人は「黒夫」「驚」という二人の兵士で、宛先は母親および「中（衷）」という人物である。「中」が彼らの兄であるなら、彼ら二人も兄弟なのだろう。

二人はいま「淮陽」にいる。「淮陽」とは「淮水の北」を意味し、秦代には淮陽郡という郡が現在の河南省周口市一帯に置かれた。東に遷った楚の都が一時期このあたりに置かれたこともあり、秦が楚を滅ぼした征服戦争では、両軍が死闘を繰り返す激戦地となった。始皇二三年（前二二四）に開始し、翌年に楚の滅亡をもって終了したこの最終決戦に、秦は六十万の大軍を投入したと言われるが、安陸県に暮らしていた二人の兄弟も、その一員として動員されたのである。「攻反城久、傷未可智也――もう長いあいだ敵の町を攻撃していて、数え切れないほどの負傷者がいます――」とか「唯毋方行新地――どうか新占領地には行かれませんよう――」といった手紙の文面からも、戦闘の激しさがひしひしと伝わってくる。

一方で、この手紙の用件自体は何かというと、ただひたすらに衣服や銭を送って欲しいというお願いである。銭は五、六〇〇銭ほど用立ててもらいたく、またシャツやズボンも必要らしい。衣服は母親に仕立ててもらうか、あるいは布地や銭だけ送ってもらえれば、自分で仕立てることもできたようである。戦場で針仕事というのも何だか呑気な話だが、彼らにとっては差し迫った問題で、「室弗遺、即死矣――家から送ってくれなければ、死んでしまいます――」と訴えている。ともあれ手紙を受け取った母親の方は、子供らの求めるとおり銭や服を準備したことだろうが、それをどうやって戦地まで届けたのかは、正直なところ見当がつかない。手紙は人に託けて送られたらしいから、銭や衣服も同様に、戦地に赴く人間を探して、彼らに託したりしたのだろうか。

この手紙によって分かるのは、当時の兵士たちの衣服は官給品でなく、自前であったという事実である。これだけでも少々驚きだが、さらに、どうやら食糧も自弁を原則としていたらしい。里耶秦簡には、次のような食糧支給記録が見える。

…〔稟〕人の忠が、輪番で交替する戍卒で、士伍身分の、城父県中里出身の簡に〔食糧を〕貸与した。（里耶秦簡⑧1000）

穀物一石九斗少半斗。始皇三三年十月甲辰朔壬戌、発弩嗇夫の繹・尉史の過が、罰として戍卒となった、士伍身分の、醴陽県同…出身の禄に貸与した。…（後略）…（里耶秦簡⑧761）

このように、戍卒への食糧支給はあくまで「貸与」であり、いずれ何らかのかたちで「返済」されるべきものだった。返済の手段としては、銭や現物で支払う他、勤務日数を延長させる、つまり労働によって償うという方法もあった（里耶秦簡⑧1563）。その場合、おそらく一日分の労働が八銭に換算されたと考えられる（秦律十八種133）。

里耶の事例は辺境防備に就けられた戍卒の場合だが、遠征軍に参加した黒夫と驚の境遇も、これと同じではなかったか。衣服の他、さらに必要だと手紙にあった「銭五、六百」は、実のところ食糧の調達に用いられたのではあるまいか。そう考えたならば、「家から送ってくれなければ、死んでしまいます」

という手紙の文句も、あながち大げさな泣き事ではなくなってくる。ちなみに穀物一斗が五銭ほどに相当したから（岳麓〔貳〕「数」205）、五百銭あれば十石（二〇〇リットル弱）程度の穀物が購入できた計算になる。二人で分けても、二、三ヶ月は食いつなげただろう。

戦争に駆り出され、それでいて食糧・装備は自弁だというのは、やはりにわかには信じがたい。だがより古い時代に遡ると、戦争の主な担い手は貴族たちであり、彼らは装備を自ら調え、手勢を率いて戦闘に参加した。それは彼らの責任であると同時に権利でもあり、武器をとって戦う責任を担うという事実が、彼らの政治的・社会的な地位を支えていたに違いない。やがて戦国時代に至ると、確かにそうした「貴族の戦争」はもはや過去の話となった。ただしそれにより、兵士の食糧も装備もすべて官給に切り替わったかというなら、それはやはり考えにくい。何よりも先立つもの——財源、および調達や運搬のためのインフラなど——が必要となる。国家財政によって支えられる兵士たちは、当初は一部の精鋭部隊に止まっており、徴発された農民兵は自弁を原則としたのではあるまいか。

貴重な兵士の肉声に耳を傾けるあまり、いささか想像を膨らませすぎたかもしれない。黒夫と驚の手紙は他にも、占領されたばかりの土地で、兵士が銭を用いて物資を購入できたことをも教えてくれる。遠征軍の周りには兵士を顧客とする商人たちがおり、取引の際、彼らは秦の青銅貨幣をも受け取ったことになる。こうした軍隊の様子を背景にすえると、補給係が公費で私物を購入することを禁じた規定（岳麓〔伍〕146～153）や、軍糧の横流しへの科罰規定（秦律雑抄11～15）なども、がぜん臨場感を帯びてくる。戦争は、巨大な経済活動でもあったのである。

その後の兵士たち

さて、故郷を遠く離れ、必需品の入手にも苦労しつつ、それでも黒夫や驚らが奮戦したとすれば、その原動力の一つは先に紹介した爵位の獲得、あるいは軍功にともなう諸々の褒賞への期待であろう。兵士たちの挙げた手柄はまず軍功報告書にまとめられ、それが司令部（「幕府」）に送られて官吏のチェックをうけた。そのうえでそれが郡県に回送されたようで、そこで各自の戸籍が更新され、爵位が書き換えられたのだろう（『史記』馮唐列伝）。里耶秦簡に残る次のような木簡は、そうした軍功報告書の一部かもしれない。

…〔某県〕南里の士伍、異。斬首一級。（里耶秦簡⑧1888）

陽翟県・原里の士伍、胡。斬首一級。▨（里耶秦簡⑨1277）

やがて兵士が故郷に錦を飾ると、里内の者たちがお祝いに駆けつけた。お祝いはそのまま酒盛りとなったに違いない。そうした宴会の開催が授爵者になかば「強制」され、問題となっていたことは、本書ですでに紹介した（第三章、七三－七四頁）。

だが翌朝、祝い酒の酔いから覚めると、自分が得たものの少なさにあらためて愕然とする兵士もいただろう。確かに爵位を得て耕地・宅地の支給額は増えた。だが、先に述べたとおり、この支給制度は「支給できる土地があれば支給する」という前提の下に組み立てられており、従って直ちに耕地が増えたとは限らない。隣近所の男も従軍し、それぞれに手柄を立てていれば、なおさらである。また特に罪を犯さなければ、肉刑免除の特権を実感する機会もない。税役の免除はというと、これには多くの首級を挙げたのでなければとうてい手が届かない。お上から頂戴する賜り物の量が増えたり、以前はよく殴り合った喧嘩相手が妙に卑屈になったりと、ふとした瞬間に爵位の有り難さを噛みしめることもあっただろうが、「命をかけて手に入れたのに、案外うまみが少ない」というのが正直なところではなかったか。

とりわけ、始皇帝が行った六国を征服する戦争は、征服軍の規模といい獲得した領域の広大さといい、それまでの秦の戦争とは異次元のものだった。十数年におよんだこの征服戦争の後、恩賞によって報いねばならない兵士たちもまた、これまでとは桁違いの数にのぼっただろう。とはいえ、征服により国庫が急激に豊かになったわけではない。征服後に発せられた次の詔勅は、そんな秦の台所事情をよく物語っている。

●制。丞相・御史に詔するに「戦争は終わった。およそ恩賞を得たり、負債を帳消しにしたりするのに相当する者については、県に命じて速やかにこれを与えさせよ。命令が県に到達したなら、県はそれぞれ現有の銭のうち皇室の銭ではないものをすべて…。…足らなければ、それぞれ所属の執法に申請し、執法は調整して均等に分配し、それでも足らなければ、そこではじめて御史に申請し、皇室の銭をこれに貸与することを請い、貸与額の多少に応じて返済の期限を調節する。…（後略）…（岳麓〔陸〕68～70）

兵士への恩賞は基本的に県において支払われるが、県の財源で足らなければ、そのことが「執法」に報告された。これは郡レベルの官吏である。さらに郡レベルでも不足すれば、中央の御史（副宰相）へと報告が行き、皇室の財産が郡県に貸与された。王朝全体の富を総動員して、なんとか恩賞を支払いきろうとしているのである。兵士への恩賞の支給は、なかなかスムーズには進んでいなかったのだろう。そうであるなら、退役後の兵士たちの生活は、決して楽ではなかったに違いない。

なかには退役後、故郷に戻ることなく、裏稼業に手を染める元兵士もいたらしい。岳麓簡中の裁判案件（岳麓〔参〕44～61、案例③「猩・敞知盗分贓案」）には、墓泥棒を行い、盗掘した品々を売買して生活している者たちが現れる。彼らはいずれも逃亡者だが、そのなかに「冗募《じょうぼ》」という身分だった者が何人か含まれる。「冗募」というのは正確には「冗募羣戍卒」といい、長期間の服役を前提として、募集に応じて自ら兵士となった戍卒のことである。その基本的な任期は不明だが、「辺境で五年間〝冗募〟となる」という記事（秦律十八種151～152）や、「冗募は二年に一度は帰郷できる」という規定（岳麓〔肆〕278）が存在するので、少なくとも四～五年は従軍するものだったらしい。彼らはいわば、生活のために兵士となる道を選んだ者であり、故郷に十分な生活基盤があったとは思えない。彼らの境遇がそうしたものだったとすれば、無事に任期を終えたとしても、いまさら故郷に帰ったところで意味はない。退役後、あるいは退役を待つことなく逃げ出して、新天地での生活を選ぶ者も決して少なくなかったのだろう。

このように、退役した兵士の人生はさまざまであるが、いずれにしても、命があるだけまだましである。征服戦争のなかでは、数多くの秦の兵士があえなく戦死した。兵士の亡骸はまず小型の棺（「槥《えい》」）

に収められる。その大きさは三尺×一尺八寸×六尺（約七十×四十×一三五センチ）だというから（岳麓〔肆〕364〜365）、かなり狭苦しい。膝を曲げてようやく納まるくらいだろうか。それから亡骸は故郷に送られたが、棺には死者の出身郡の名が刻まれ、道を間違えて遠回りすることがないようにされたという（岳麓〔伍〕131〜132）。せめて残された家族のもとに、彼らが遅滞なく帰り着いたことを祈りたい。

喜の軍隊生活は？

喜は幸い、命を落とすことなく生還した。その軍隊生活がどれほど続いたのかはよく分からないが、二度目の従軍の翌年（前二三二）七月には父親が亡くなっているので、遅くともこのとき、父の葬儀に参列するための帰郷が許されたことだろう。

喜がどのような軍隊生活を送ったのかについても、まったく手がかりがない。それゆえに、実のところもう書くことはないのだが、いちおう最後に、せめていくつかの可能性だけは紹介しておこう。

まずは一介の兵士として、武器を手にとり戦闘に参加したのだ、という可能性も十分に考えられる。だが彼は書記官の資格を持ち、鄢県では治獄の仕事を担当していた。従軍中も、その能力を活かした職務に就けられていたのではあるまいか。史料に見える「軍吏」である。

軍吏を補充するときは、佐史に命じて、必ず一度以上従軍した者から選び取らせる。もし軍事行動があれば、……（岳麓〔肆〕221）

右の史料からも分かるとおり、軍吏の採用基準は通常の官吏とは異なっていたようで、この点において両者には区別があった。だがその間にある壁は、決して乗り越えがたいものではなかった。史書の中からは、軍吏の一つである「軍正」を務めた後、財務長官に転じた人物の例などを拾い出すこともできる（『漢書』百官公卿表下　陽咸延）。

戦場にあっても、もちろん文書や記録は作成せねばならない。軍功報告書の作成については先に紹介した。あるいは食糧・兵器管理のための帳簿も必要だったろう。また、すでに引用したとおり、軍中では裁判も行われていた。封診式の「奪首」（封診式31～33、一六五頁）などである。こうした、兜首をめぐるささいな傷害事件から始まって、敗軍の将にいかなる処分を与えるかという重要案件（『漢書』衛青伝）に至るまで、さまざまな軍事裁判に「軍吏」が関与していた。

もう一つ、変わった役職として「軍巫《ぐんぷ》」がある。岳麓簡の裁判記録では、この「軍巫」が逃亡者を捕まえているのだが（岳麓〔参〕88・89）、彼の本来の役目は文字どおり「軍の巫」、すなわち軍中の神官であろう。秦の軍隊は、戦場に占い係を連れて行ったのである。

有名な『孫子』の兵法をひもとけば、春秋戦国時代の中国において、すでに十分洗練された、現代にもそのまま通用する軍事思想の存在したことが分かるだろう。だが中国古代の兵法書には、「兵陰陽家」と総称されるジャンルもあった（『漢書』芸文志・兵書略）。これらの兵法書は、いかにして戦えば陰陽五行の法則、つまり「陰→陽→陰→…」の繰り返しや「木→火→土→金→水→…」という万物の循環にうまく適合し、勝利を収めうるのかを説いたものである。出土文字史料のなかにも、張家山漢簡に「蓋廬《こうりょ》」

というテキストがある。それによると、たとえば冬は高いところから、夏は低いところから攻撃すると勝利を得られるらしく、そのことが五行循環の法則に沿って説明されている（蓋廬15〜17）。兵陰陽家の書の一つといってよい。現代人の目からすれば、こうした「兵法」は非合理以外の何者でもない。だが古代人にとって陰陽五行は、この世界を支配している大原則だった。この法則を無視したなら、勝てるはずの戦にも勝てない。彼らは勝利を得るために、ありとあらゆる知識を総動員したのである。

喜の墓から出土した日書には、戦争と関連する占いも見える。たとえば日書甲種の「稷辰《しょくしん》」という占いでは、各月の特定の干支の日を「秀」「正陽」「危陽」「敫」「萬」「陰」「徹」「結」に分類し、それぞれの日の吉凶が説明される。そのうち「萬」に相当する日は、狩猟や仇討ち、さらには「攻軍、囲城」にもってこいの日だという（睡虎地日書甲種40〜41）。

喜が自らの日書を携えて参戦し、シャーマンとして活躍したのだというのは、あまりにも突飛な空想に過ぎない。しかし、こうした占いに通じていることが、当時の知識人に期待されていたスキルの一つだったこと自体は、決して間違いではないだろう。

第八章　喜のそれから

十六年、七月丁巳、公終。
廿年、七月（十月？）甲寅、嫗終。
【廿八年】、今過安陸。（編年記23・27・35、第二欄）
始皇一六年（前二三一）、七月十日、父上が亡くなられた（三十二歳）。
二〇年（前二二七）、十月二十六日、母上が亡くなられた（三十六歳）。
二八年（前二一九）、今上皇帝が安陸県を通過した（四十四歳）。

第一節　喜の後半生――両親の死と相続――

従軍後の暮らし

平陽で従軍した年の翌年、編年記には父親の死が記されている。喜がすでに除隊していて、故郷で父親の死に目に会えたのか、それともまだ戦場にいて、訃報を聞いて急ぎ帰郷したのか、そのあたりの事情は分からない。それから四年後に、彼は母親も失っている。

この頃から、編年記には喜本人に関連する記載がめっきり少なくなる。折しも、秦の征服戦争がとうとう完了し、秦王政が「皇帝」となる時期に当たるので、前章でも紹介したとおり、秦の勝利については毎年のように記載がある。一方で喜の個人史については、両親の死の他には、子供が生まれたこと（始皇一八年、二七年）、さらに巡幸する始皇帝の一行が安陸県を通過したこと（二八年）が記されるのみである。二十代の頃に盛んに記されていたポストの異動については、何の言及も見られない。

官職異動の記載がないことをめぐっては、研究者の間でも意見が分かれている。ある者は、喜はまったく異動しなかったのだと言う。この説に従うと、彼は二十八歳で治獄の仕事を始めた後、途中で従軍による中断を挟みつつも、昇進することなくずっとその地位にあり続けたことになる。一方で別の研究者は、喜は従軍や父親の死を契機にして官職を辞したのであり、それゆえに記載がないのだと言う。喜の家にはそれなりの財産があり、さらに彼は長男でもあったから、官吏としてのキャリアよりも家業が優先されたのだ、という理解である。

いずれとも決めにくいが、やはり官を辞したとみるのが妥当だろう。まず、順調なキャリアの滑り出しや、他県に転任できる強いコネがあったことなどを念頭に置くなら、たとえ喜が実際にはよっぽどの凡才だったとしても、十数年間も異動しないままだったとは考えにくい。また睡虎地秦墓から出土した法制史料には、より古い時代の、本来なら改訂されているべき文字や用語が見られる。秦王政は「皇帝」号を称えると、同時にさまざまな事物の名称も改変したのである。たとえば皇帝の「命令」は新たに「制詔」とされ、「一般人」を意味する言葉は「百姓」から「黔首《けんしゅ》」に切り替えられた。里耶秦簡には、用字・用語の新旧対照表（**図20**）のようなものがあり、名称変更の徹底ぶりがうかがわれる。一部を紹介しておく。

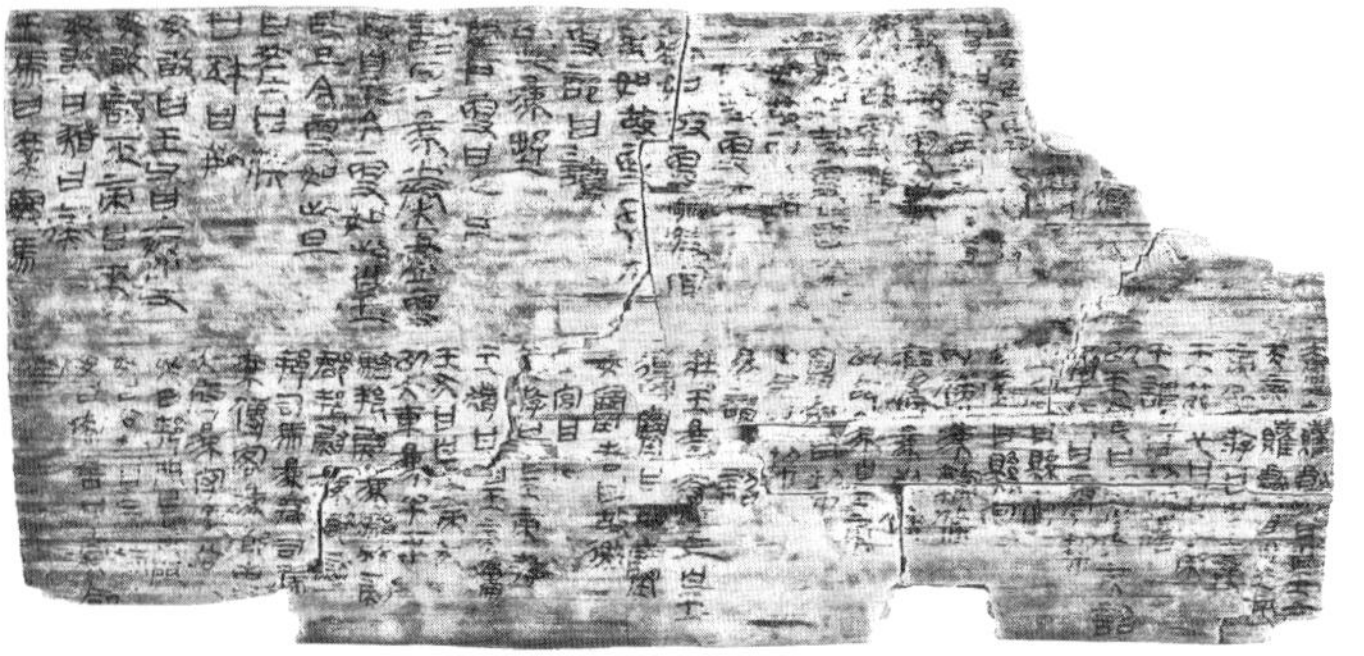

図20　里耶秦簡「更名板」

莊王爲泰上皇。　〔始皇帝の父である〕荘襄王は「泰上皇」とする。

邊塞曰故塞。　「辺境の防壁」は「もとの防壁」と呼ぶ。

毋塞者曰故徼。　防壁のない境界は「もとの境界」と呼ぶ。

…

王獵曰皇帝獵。　王の猟は「皇帝の猟」と呼ぶ。

王犬曰皇帝犬。　王の犬は「皇帝の犬」と呼ぶ。

（里耶秦簡⑧461）

見ていただければ分かるとおり、「王」はもう使用せず、必ず「皇帝」と呼ぶように徹底され、また天下は一つになったのだという建前の下、辺境の防壁や境界には「昔の」が付けられた。東洋史学者の吉本道雅が指摘するとおり、もしも喜が始皇二六年以降も治獄の任にあり、法律条文やその注釈を職務に用いていたのなら、古い用字・用語は徹底的に改められていたはずである。そうではないということは、喜が早々にこのテキストを使わなくなっていたこと、すなわち始皇二六年以前に官を辞していたことを意味していよう。せっかく書記官となったのに、と思ってしまうけれども、遠方に飛ばされるおそれのある官吏の地位が、当時は敬遠されぎみであったことは、すでに第四章で述べた。喜は案外あっさり、役人稼業に見切りをつけたのかもしれない。

爵位と財産の相続

では、官を辞した後の喜は、いったいどのようにして生計を立てたのだろうか。これはもはや想像するよりほかないが、もっとも穏当な想定は、一人の農民として暮らしたという可能性である。農民といっても、相応の財産があったことからすれば、一般庶民よりはずいぶん広い耕地を持っていたに違いない。先祖が軍功を立てて支給されたのか、それとも銭にものを言わせて買いあさったのかは分からないが、喜の家はいわば地主の家柄であり、父親が他界した後は長男たる喜が後継ぎとなり、耕地や財産を相続してその管理に専念したのだ、という筋書きがまず頭に浮かぶ。

父親の爵位や「戸」を継承する後継ぎは「後」とか「後子」と呼ばれた。爵位の継承者を「爵後」、戸の継承者を「戸後」という。厳密にいえば両者は異なるもので、継承者の順位づけも相違する（第六章第二節）。だが死亡した者に息子がおれば、「爵後＝戸後」となるので、ここでは話を簡単にするため、爵後に限って相続制度のあらましを説明しておこう。

多くの場合、父の爵位やそれに附随する特権を相続できたのは後継ぎ一人だけだった。候補者のうち誰が「後」なのかは、あらかじめ役所に届け出ておく必要があった（法律答問72）。順当にいけば長男が指名されたのだろうが、一定以上の重い罪を犯した者は、後継ぎに指定できなかった（二年律令390）。

一方、「多くの場合」とことわったとおり、さまざまな例外もあった。まず、父親が高い爵位——具体的には大夫以上——を持っていたならば、後継ぎのみならず、それ以外の子も有爵者として自らの戸を構えることができた。たとえば父が公乗（第八等）だった場合、後継ぎは官大夫（第六等）とされ、あと二人の子に上造（第二級）、残りの子には公士（第一級）が与えられる、という具合である（二年律令359〜360、367〜368）。

ちなみにいえば、後継ぎの爵位がやや下げられるのは、父親が病死した場合のことである。もしも父親が公務のために死んだなら、父の爵位はそのまま後継ぎによって相続された（二年律令369〜371）。戦死者に対しては、一種の優遇措置が設けられていたのである。

さて、以上に述べたのは「爵位とそれに伴う特権」の継承をめぐる原則である。爵位は君主から賜与されたものなので、当然のことながら死者が勝手に子孫に譲ることはできない。爵位に附随するさまざまな特権も同様である。それゆえに相続の順位や方法について、法律条文で細かく規定されていた。これに対し、自らの財産——耕地の「占有権」も含む——を誰に、どのように譲るのかは、個人の裁量に委ねられていた。零細な農民はともかく、相応の土地・財産を持っている者であれば、遺言（「先令」）を残し、財産相続の配分を決めることもあった。

民が遺言して田宅・奴婢・財物を分与するときは、郷部嗇夫がみずからその遺言を受理し、いずれも割り符にそれを書き、戸籍と同じように県に提出する。財産争いがおこった場合、割り符に依拠して処理する。割り符がなければ受理しない。…（中略）…。遺言に言いがかりをつけて留保して、割り符を作らなければ、罰金一両。（二年律令334～336）

遺言状は郷の官吏によって作成され、戸籍と同じように郷と県において別々に保管された。これもまた、内容が改竄されないようにするための工夫であろう。里耶秦簡には、こうした遺言状に類似した、財産分与の申告書が見える。

始皇三二年（前二一五）六月乙巳朔壬申（二十八日）、都郷嗇夫代理の武の爰書。高里の士伍である武が自ら言うには「成人男性奴隷の幸・甘多、成人女性奴隷の言々、子益ら、牝馬一匹を、子で未成年の男子である産に与えます」と。里典の私が申告した。…（中略）…六月壬申、都郷嗇夫代理の武が申し上げます。爰書を〔県に〕たてまつります。以上申し上げます。……（里耶秦簡⑧1443＋1455）

右の簡は死後の相続についての申告ではなく、生前に財産の一部を子に譲渡しようとしたものかもしれない。こうした譲渡を「生分」という。親が生きているのに財産を分けるのは、礼制上は好ましくないこととされるが、実際にはしばしば行われていたのだろう。いずれにせよ、右の簡でも財産分与の詳細が郷で申告され、その内容が県にも報告されており、遺言状の作成・保管方法と類似する。官署に申告し、証拠を残しておくことで、財産争いの発生が避けられたのである、

第六章で紹介した、「沛」という男の遺産の相続をめぐっても、遺言状の有無が裁判で問題になっている。沛は布地を商う店と旅館とを持っており、また金貸し業も行っていた。彼の未亡人が持っていた総計六万八三〇〇銭の債権は、夫から引き継いだものである。また奉公人だった「識」という人物には、家（価格は五〇〇〇銭）を買い与えていて、その費用も沛の懐から出ていた。沛はもともと識に財産を譲るつもりだったが、奴隷あがりの後妻との間に実子が生まれたので、いわば「手切れ金」として識に家を買ってやり、さらに馬一匹・耕地二十畝（約九〇〇〇平方メートル）を譲渡したのである。それでも不満を抱いた識が後妻を脅迫し、事件になったのは第六章で述べたとおり。とはいえ識に相続の権利がなかったことは、裁判記録に「沛は死んだ時に遺言しなかった」（岳麓〔参〕128）として明記されている。相続を主張しても裁判で勝てないのは、識の方でもよく分かっていて、だからこそ恐喝という手段で財産を巻き上げようとしたのだろう。

ところでこの沛という男は、布の売買や旅館経営をなりわいとし、明らかに商人としての顔を持っている。中国古代、商人は「本業」から外れたことを行なう者として、時として差別の対象となった。たとえば商業は「市」という特定のスペースにおいてのみ許され、商人たちは「市籍」という特別な戸籍に登録され、他の一般人とは区別された。また睡虎地秦簡にみえる魏の法律（為吏之道16－5～21－5、22－5～28－5）で、「贅壻・後父」とともに迫害されている「仮門《かもん》（＝賈門）・逆旅《げきりょ》」とは、商人と旅客

業者だとされている。秦においても商人が同様の待遇を受けたのなら、沛は耕地を受給できず、官吏にもなれず、非常時には過酷な戦場に投入されたことになる。

だが実際には、沛は店舗や旅館の他に自分の耕地も持っていて、そのうえ「大夫」という高い爵位さえ帯びていた。その財産の豊かさから想像するに、耕地も、そして爵位さえも、財力により手に入れたのだろう。商業も農業も手広く行い、高い爵位を帯びて地域の尊敬をも集める有力者の姿が、そこに浮かび上がってくる。

同じく地域の有力者であったとはいえ、喜の方は官吏となっているから、彼が商人の出であると推測するのは、かなり乱暴な話である。だが、たとえば古代ローマの貴族のように、解放奴隷に資本を委ねて商売させるといった抜け道も、一方には存在していたことだろう。喜の後半生は、結局のところ謎としておくよりほかないものの、官を辞した後の彼の人生が、自宅と耕地とのあいだをひたすら行き来するだけの、退屈な毎日だったとは限らない。

第二節　始皇帝の臣民として

始皇帝の巡幸

とはいうものの、編年記の末尾近くには、子供の誕生以外はほとんど何も書かれておらず、喜の後半生はあくまで静かに過ぎていったようにも映る。そんななか、唯一彼の興奮が伝わってくるのは、始皇二八年の記載、すなわち全国巡幸の旅の途上で、始皇帝が喜の暮らす安陸県を通過した、と特記されている部分である。

秦王政は前二二一年に「皇帝」となり、以後死去するまでの十二年間、憑かれたように大規模な巡幸を繰り返す。それぞれの年次と経路は次のとおり（**図21**）。

第一回：始皇二七年（前二二〇）。咸陽→隴西→北地→鶏頭山→回中→咸陽
第二回：〃二八年（前二一九）。咸陽→嶧山→泰山→成山→之罘→琅邪山→彭城→衡山→湘山→南郡→咸陽
第三回：〃二九年（前二一八）。咸陽→陽武→之罘→琅邪山→上党→咸陽
第四回：〃三二年（前二一五）。咸陽→碣石→（北辺巡幸）→上郡→咸陽
第五回：〃三七年（前二一〇）十月～七月。咸陽→雲夢→銭唐→会稽山→呉→琅邪山→之罘→平原津→沙丘平台（死去）

第一回目は都の咸陽から西北に向かい、国境地帯を視察しているが、残りの四回はいずれも首都から東へと向かい、海沿いの離宮を訪れた後、西に引き返してくるというルートをたどっている。たとえば第二回巡幸では、まず聖なる山として知られた泰山に行き、山東半島を海沿いに巡遊した後、南に下って長江流域の衡山や湘山を訪れ、南郡から帰途に就いている。始皇帝が安陸県を通過したのは、ちょうどこの南郡訪問の時のことである。これらの、東に向かう巡幸の旅程はいずれも長距離にわたり、最後の第五回の場合、その旅は足かけ十ヶ月にも及んでいる。

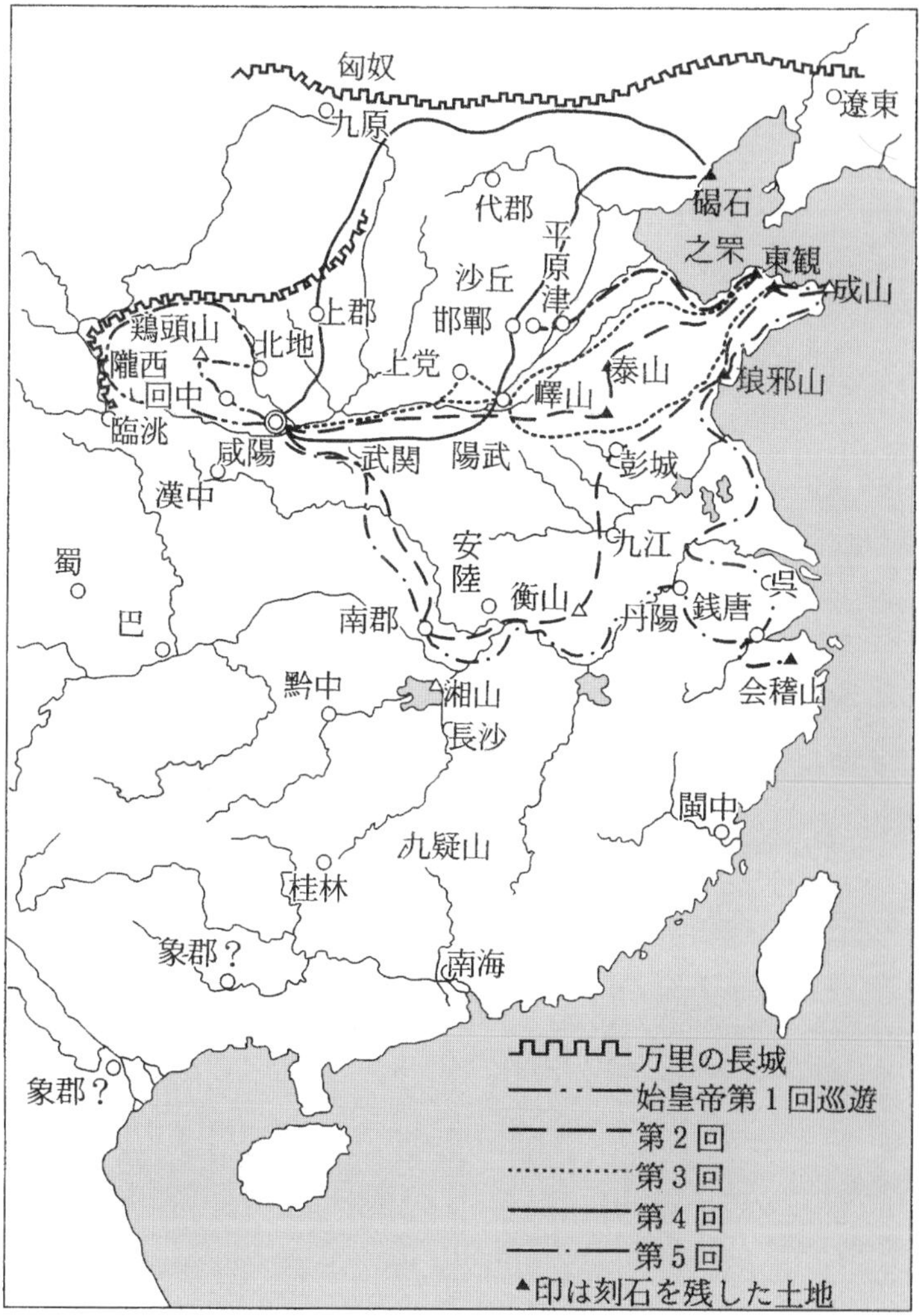

図21　始皇帝巡幸の経路

図22　始皇帝陵出土二号銅車馬

こうした巡幸を、始皇帝はほとんど毎年のように行う。計五回の巡幸のうち、第四回と第五回とのあいだには五年ほどの間隔があるが、その時期には北方の匈奴への遠征軍や、南方嶺南の地への軍勢が派遣されていた。極端な言い方をすれば、「天下」を統一した後の始皇帝は、旅行をしているか戦争をしているかのいずれかであった。そして第五回巡幸の途上で、始皇帝は病に倒れ、この世を去る。文字どおり、命がけで旅に出たのである。

『史記』秦始皇本紀によると、始皇帝は巡幸を開始する前二二〇年、「馳道《ちどう》」の建設を命じている。「馳道」というのは皇帝専用道のことで、漢代の史料によると、その幅は五十歩（七十メートル弱）で、三丈（約七メートル）ごとに樹木が植えられ、その外側は鉄のハンマーで固く突き固められていたという（『漢書』賈山伝）。道はいくつかのレーンに分かれ、貴族ならば「旁道」を使うこともできた。しかし馳道の「中」、つまりセンターレーンを通行できるのは皇帝のみで、それ以外の者がここに足を踏み入れたら、「遷刑――強制移住刑――」とされた（龍崗秦簡54）。

こうした立派な道路が、始皇帝の巡幸にあわせて急ピッチで建造されたのであり、そのための労役負担はかなりのものだったろう。ただし規定では、集落周辺の道路管理には一般人の徭役労働力が利用されたものの、「馳道」の管理には別の労働力が投入されている。おそらくは官署が抱えている刑徒の労働力などが、主として活用されたのだろう（岳麓〔肆〕151～153）。

できあがった馳道を行く始皇帝の一行は、あまたの車馬を並べた壮麗なものだったと想像される。巡幸には宰相たちをはじめ、多くの官僚も付き従っており、まさに中央政府の機能そのものが皇帝とともに移動していたのだから、その行列の規模は推して知られよう。始皇帝陵附近から出土した模型（図22）のような馬車が、延々と連なっていたに違いない。これを迎える側の、各地の官吏たちにとっても、その供応は大きな負担だった。岳麓簡には次のような規定が見える。

> 皇帝が巡遊して県を通過するときには、県令が県尉一名と同行し、復路には県丞がまた県尉一名と同行し、令・丞が同時に官署を離れないようにする。関内（渭水盆地を中心とした、従来からの秦の領域）においては、同行する県の官吏は、「乗車」（馬車に乗れる身分の官吏）の者以下、五十人を超えないこととする。関外の県において行在所に宿泊する場合は、同行する官吏は「乗車」以下八十人を超えないこととする。（岳麓〔陸〕138～139）

県に勤務する官吏の数は県ごとに異なっただろうが、たとえば里耶秦簡の出土した遷陵県の官吏定員は一〇〇名程度だった。もしも始皇帝の一行が、関外にある遷陵県に立ち寄ったならば、県内の役人がほぼ総出で対応することになっただろう。

巡幸の目的と効果

これほどの時間と労力とコストを費やしてでも、始皇帝は巡幸にこだわった。それは何故なのか。たとえば、始皇帝は永遠の生命を欲し、東の海の向こうにある仙人の島から不老不死の薬を入手しようとしていた。この点に注目するなら、そうした彼の個人的な欲望が、東方への旅を繰り返す原動力だったのだ、とみることもできよう。

だが、彼は都から海沿いの離宮へと直行したわけではない。巡幸の途上では、山岳信仰の対象となる名山に数多く立ち寄り、そこで祭祀を執り行い、さらには自らの業績を称える石碑を建てさせたりしている。この点に着目するなら、始皇帝は各地における祭祀の新たな主宰者となることで、その地の神々と人民とに、自らの権威を認めさせようとしたといえるだろう。

そもそも「東方への旅」とは、すなわち旧六国の領域への旅でもある。第二回巡幸では魏・斉・楚の旧領を訪れ、その旧都の近くを通過しているし、第三回には趙、第四回には燕の領域が旅程に組み込まれている。このように新占領地とその重要都市とを視察することで、当地の状況が直接把握されるとともに、「新たな支配者」の存在が占領地の臣民たちにも誇示されることになった。いわば巡幸とは、皇帝の権力を宣伝するためのキャラバンでもあったのである。

実のところ、このように君主自身が領内を移動し、各地で儀式を主宰するというのは、始皇帝によって始められたわけではない。東洋史学者の松井嘉徳が論じているとおり、殷代や周代の王たちも、絶えずあちこちを移動して儀式を行ったり、臣下に指示を与えたりしていた。通信や交通の手段が発達していない状況では、都から各地に指示を出すよりも、君主自身が領内を巡ったほうが効率的だったという事情もあっただろう。そうしたかつての君主たちについての記憶は、春秋戦国時代に降ると、天下を巡幸した太古の聖王の「伝説」と化して、経書のなかに書き留められていた。「天下」の主として、いまや聖王と肩を並べることになった始皇帝は、自分もまた彼らと同じく、くまなく領内を巡遊せねばならないという思いに駆られたのかもしれない。

以上のように、始皇帝が巡幸に固執した理由はさまざまに推測できる。一つの行為が一つの理由のみによって行われたわけではあるまいから、おそらく右に述べたいくつもの目的が合わさって、巡幸の原動力となっていたに違いない。とはいえ、始皇帝の本心をのぞき見ることは、やはり不可能である。

ただ一つだけ確かなのは、車馬行列を率いてやってきた「皇帝」の姿が、各地の人々の目に焼き付けられ、強烈な印象を残したという事実である。たとえば、のちに秦を滅ぼすことになる項羽《こうう》は、始皇帝の行列を見て「あいつに取って代わってやる」と口走ったという（『史記』項羽本紀）。そのときそばにいた叔父の項梁は、あわてて項羽の口をおさえ「めったなことをいうな。一族皆殺しにされるぞ」と叱っており、項羽と項梁のまわりには他にも多くの人々がいて、ともに巡幸を見物していたことが分かる。壮麗な車馬を連ね、整備された馳道を行く「皇帝」の姿は、いまや天下が一人の男によって支配されていることを、見る者たちに強く印象づけたことだろう。喜もまた、そうした群衆のなかの一人として、始皇帝を見つめていたに違いない。

日常生活のなかの「皇帝」

市井に暮らす一般庶民にとって、「皇帝」は遙かに遠い存在である。日常生活のなかで見かけるのはせいぜい郷の役人くらいで、県の官府に務める役人ですら、それこそ思い切って訴訟でも起こすのでなければ、めったに出会うことはなかっただろう。その先の彼方、統治体制の頂点に君臨する皇帝などは、もはや民にとっては、居るのか居ないのかすら分からない。有名な「鼓腹撃壌」の逸話に出てくる老人が歌うとおり、「帝力　何ぞ我において有らんや——みかどのお力なんぞ、わしには何の関係もねえ——」といったところである。

だが、そうして歌う老人も、一方では確実に帝国を形成するメンバーの一人であり、戸籍を通じて把握され、徴税や労役徴発の対象とされていた。彼らが税金を投入した箱がどのようにして吸い上げられてゆき、その先の高みにはだれがいるのか。納税の督促にきた役人の背後には、彼に指図をした上役がいて、さらにそのまた背後にいる官吏たちをたどっていくと、結局はだれに行き着くのか。巡幸はまさに、民にそのことを知らしめる重要な契機となった。

こうした特別な機会以外にも、人々が「皇帝」の存在を身近に感じる瞬間はあった。たとえば皇帝から下された命令は、時として支配の末端にある「里」にまで配布され、そこで読み上げられた。

●いま丞相にたてまつりますに、郷部嗇夫・令史・里の者が命令を読み聞かせたのに、きちんと命令が行き渡っていなければ、担当官吏〈は貲二甲〉、県令・県丞は貲一甲としてください。すでに命令が行き渡った後、官吏・里典・里の伍人は良からぬ者を調査し、この規定に該当する場合は、そのつど捕らえて裁くように。〔岳麓〔陸〕189～190〕

前後の文章が欠けていて、内容は正直なところよく分からない。だが何らかの命令について、末端の役人にその布告が命じられ、その際に命令の内容が里の人々の前で読み上げられた（「読令」）というのは確かである。一般人にも知らしめる必要のある法律規定には「庶民にもはっきり告げよ（「明告黔首」）」と明記されている場合があり（岳麓〔肆〕301）、そうした法規が制定されると、里において里典などによって読み上げられ、周知が図られたのだろう。

かくして一般庶民も、皇帝の「肉声」に触れることがあった。それは支配者への畏怖の念が植え付けられる機会でもあり、尊崇の思いが寄せられるきっかけでもあった。名君として知られる前漢の文帝のときには、皇帝が詔勅を下すと、地域の住民は「体力の衰えた老人や病みつかれた者までも、杖にすがってこれを聴きにいった」という（『漢書』賈山伝）。文帝の恩愛あふれる政策の数々を、一般人もその耳を通して共有していたのである。

皇帝の恩徳が実感される最も分かりやすい機会が、王朝の慶事などに際して下される、皇帝からの賜与であった。くだんの文帝などは、即位時に爵位や牛・酒を広く与えたのを皮切りにして、皇太子の決定したときや地方へ巡幸したときなど、ことあるごとに広範な贈与を実施している。始皇帝の時代についていえば、あいにくそうした記録は多くないが、それでも六国をすべて滅ぼした前二二一年などに、民に大宴会を許した。

賜与に際しては、支給される物品の量が官秩の上下や爵位によって異なる場合があった。二年律令には「賜律」と呼ばれる一群の法律条文があり、さまざまな賜与物の、支給額が規定されている。

役人でない者、および〈官秩を持たない〉皇帝の近臣に賜与する場合、関内侯以上は二千石〈官秩の一つ。以下「～石」「有秩」「斗食」「佐史」とあるのはいずれも官秩〉に準じ、卿は千石に準じ、…〈中略〉…、不更は有秩に準じ、簪裹は斗食に準じ、上造・公士は佐史に準ずる。爵のない者は飯一斗、肉五斤、酒三分の二斗、醤三分の一升とする。〈二年律令291～293〉

同じ皇帝からの恩寵であっても、爵位のある者、つまり軍功により王朝に貢献した者とそうではない者とでは、待遇に明らかな違いがあり、またそれは貢献の度合いでも異なった。皇帝からの賜り物を受け取る瞬間は、皇帝の存在を確かめる機会であると同時に、住民相互の上下関係――「皇帝からの距離」の違い――を切実に実感させられる舞台装置でもあった。人々はこうして階級社会における自らの立ち位置を知り、その頂点に坐す皇帝に対して、それを畏れ敬う気持ちを刷り込まれていったのである。日常生活のなかでも「皇帝」を確かに感じ取ることはでき、あるときは人々を結束させるための尊崇の核として、あるときはすべての不満をぶつけるための憎悪の的として、古代人の心の中で特別な地位を占めていたのだろう。

第九章　老いと死

——人生の終わりに——

廿九年。〈記載なし〉
卅年。〈記載なし〉〈編年記終〉（編年記36・37、第二欄）

第一節　寿命とやまい

喜の享年は？

安陸県で始皇帝を目撃した二年後、始皇帝の「卅年」（前二一七）という紀年でもって編年記は終了する。ただしその年に何が起こったのかは、まったく記されていない。

編年記は五十三本の竹簡の、上下二段に分かち書きされる。上の第一欄には昭襄王元年（前三〇六）から五三年（前二五四）までの、五十三年間の紀年とその年に起こった事件とが書かれる。そして昭襄王五四年（前二五三）からは下の第二欄に移り、その年から始皇三〇年までの、三十七年間の紀年と事件とが記される。つまり、「卅年」と書かれた簡の隣には、下欄がまったくの空白である簡がさらに並んでいて、「卅一年」「卅二年」…と書き継いでゆくスペースはあった。それなのに、記載は突如、ここで途絶えているのである。何が起こったのかは、ここでもまた知りようはない。だが多くの研究者がこの年に、喜はこの世を去ったのだと考えている。もしそうであれば、喜の享年は数えで四十六、ということになる。喜の頭骨に対する医学的鑑定によると、死亡時の年齢は四十～四十五歳と推測されており、この想定と矛盾しない。

古代人の平均寿命はたいへん短いが、それは幼児の死亡率が高かったからである。中国古代においても、成人前の死亡率は五十パーセントほどに上ったとされる。また、たとえ成人しても、四、五十代から身体機能は衰える。『黄帝内経素問《こうていだいけいそもん》』という中国古代の医学書によると、男性の生命力がピークを迎えるのは三十代で、その後は下降の一途をたどり、「四十八歳に及ぶと、陽気のはたらきが衰退し、顔面憔悴、頭髪はごましおになります」などと述べられている（上古天真論篇）。五十歳くらいで没する者も、少なくなかったと考えられており、喜は決して短命の部類だったわけではない。

法律条文も、五十代後半以降の者を「老人」と認定している。

不更は年齢五十八歳、簪褭《しんじょう》は五十九歳、上造は六十歳、公士は六十一歳、公卒・士伍は六十二歳で、いずれも「睆老《かんろう》」とする。（二年律令357）

大夫以上は年齢五十八歳、不更は六十二歳、簪褭は六十三歳、上造は六十四歳、公士は六十五歳、公卒以下は六十六歳で、いずれも「免老」とする。（二年律令356）

「睆老」も「免老」も、いずれも法律上の年齢区分で、「睆老」になると徭役労働の負担が半分に減らされ（二年律令407）、「免老」はすべてを免じられたようである（『史記』項羽本紀集解如淳注引『漢儀注』）。

さらに齢を重ねると、老人にはさまざまな恩典や優遇措置が与えられた。次の節目になるのは七十歳くらいで、たとえば七十歳以上の老人には肉刑は科されなかった（二年律令83）。さらに「王杖」とか「鳩杖」と呼ばれる特別な杖が彼らには与えられる（二年律令355）。この杖を持つ者は高級官吏と同様の扱いを受け、役人もこれを丁重に扱わねばならなかった。

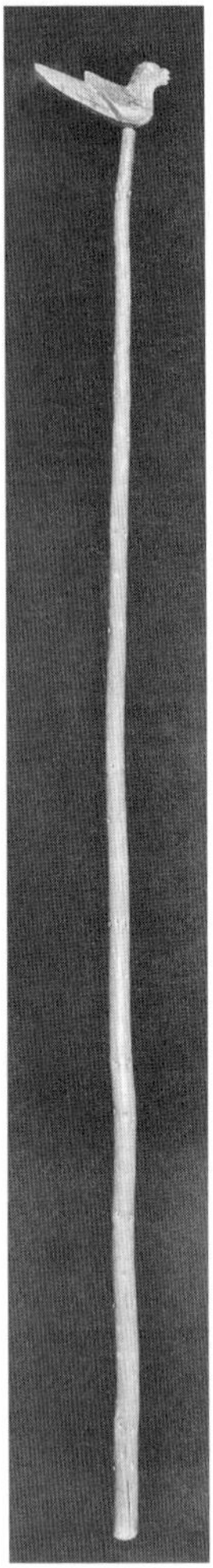

図23 鳩杖（武威市韓佐郷紅花村漢墓出土、長さ 210 cm）

制。御史に詔していうには「七十歳になって王杖を受け取った者は六百石（官秩の一つ）の官吏と同様に扱い、官署に入っても小走りせずともよく、耐刑以上の罪を犯したとしても、通常通り二尺の木簡を用いて告発されることはない。不届きにもこれを召し出して辱める者がおれば、大逆不道罪になぞらえて処罰する」と。建始二年（前三一）九月甲辰（二十五日）に下された。（武威磨咀子一八号漢墓出土王杖十簡）

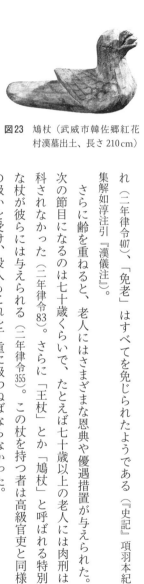

『続漢書』礼儀志によると、王杖の長さは九尺（約二メートル）もあり、その上端に鳩の飾りが付けられていた。杖に「鳩」が付けられるのは、鳩はむせばない鳥だと考えられていたからで、老人が食べ物を喉に詰まらせないよう祈ってのことらしい。図23に示した、出土した「王杖」現物も、この規格と一致している。

さらにめでたく齢を重ね、九十代を迎えると、こんどは毎月、官府から一石（約二十リットル）のお粥を受け取れるようになる（二年律令354）。公費で養われる待遇を得たのである。

これらはいずれも老人への手厚い優遇だが、高齢化の進んだ現在ならいざしらず、二〇〇〇年前の中国では、そうした待遇を享受できた者はごくわずかだったろうと思われる。ところが尹湾漢簡によると、前漢末の東海郡（現在の山東省南部・江蘇省北部一帯）では、一四〇万ほどの総人口に対し、九十歳以上の者が一万一六七〇人もいたという（尹湾漢簡YM6D1）。人口の〇・八パーセントほどを占め、その比率は現代中国よりもはるかに多い（二〇一〇年の人口調査だと九十歳以上が〇・一五パーセント。中国国家統計局HP「人口普査」のデータに拠る）。いささか信じがたい数値で、「高齢者の多い平和な地域」であることを演出すべく、相当水増しされていたのではないかと疑われる。ことによると、ひところ日本でも社会問題となったように、故意に死亡届を出さず、お粥を「不正受給」していた輩もいたのではないか、などと、あらぬ想像も膨らんでしまう。

病気の原因

年を取ると、いつまでも健康体ではいられない。身体のあちこちに不調が生まれてくる。現代人なら病院に行き、不調の原因を診断してもらうところだが、古代人の場合はそうもいかない。そもそも彼らは、病気にかかる原因をどのように考えていたのだろうか。睡虎地の日書には次のような占いが見える。

> 甲・乙の日に発病したら、それは〔亡くなった〕父母の祟りに由来し、〔その直接の〕病因は肉食による。〔肉は〕東方よりもたらされ、漆器に包まれている。戊・己に発病したら、庚の日に〔小康状態となり？〕、辛の日に〔それに報いる〕酢祭をおこなう。もしその〔酢祭を怠れば〕、煩は東方にあり、歳（＝穢？）は東方にある。青色のものを見れば死ぬ。（日書甲種68Ａ－2～69Ａ－2　日本語訳は工藤元男『占いと中国古代の社会――発掘された古文献が語る』による）

右に引用したのは「病」という表題が付いたテキストの冒頭部分で、以下、「丙丁」「戊己」…と、発病した日ごとにその病気の由来と直接の原因、いつ病状が落ち着いて、何をしたら手遅れになるのか、などが説明されている（**図24**）。簡単に言えば、病気は亡くなった先祖や悪霊（「鬼」）によってもたらされ、その直接の原因となるのは不適切な飲食だった。たとえば「甲」「乙」の日は五行の「木」の徳に対応する。その日に「東方」（「木」に相当する方角）からもたらされた肉を食らうと、これは「木」の過剰摂取になってしまい、陰陽の調和が崩れ、やまいにかかるというわけである。そうして弱っているところに「青色」（これも「木」に相当）の物を見てしまい、さらに「木」の要素が加わると、もはや取り返しがつかず、ついには死にいたる。いわば発病のメカニズムが、陰陽の調和や五行の循環によって説明されていたのである。

その一方で、たとえ細菌やウイルスの存在は知らなくとも、やまいが「伝染」する場合のあることは、古代人も経験的に知っていた。同じく睡虎地の日書には、こういったテキストもある。

病。およそ酉・午・巳・寅の日は、その日に病人を見舞った者が、必ず代りに病気になる。（睡虎地・日書乙種188－1）

	発病日	病の由来	その直接の病因	発病日	間日	酢祭日	煩	歳	死
イ	甲乙（木）	父母	肉・東方（木）	戊己（土）	庚	辛（金）	東方	東方	青
ロ	丙丁（火）	王父	赤肉（火）・雄雞・酒	庚辛（金）	壬	癸（水）	南方	南方	赤
ハ	戊己（土）	巫堪・王母	黄色索魚（土）・菫・酒	壬癸（水）	甲	乙（木）	邦中	西方？	黄
ニ	庚辛（金）	外鬼殤死	犬肉・鮮卵白色（金）	甲乙（木）	丙	丁（火）	西方	西方	白
ホ	壬癸（水）	母逢人・外鬼	酒・脯脩・節肉（水）	丙丁（火）	戊	己（土）	北方	北方	黒

相勝

図24　日書「病」篇に見える発病日と病の原因との関係

なおも呪術的な要素が含まれているものの、お見舞いによって感染のリスクが生じることを、彼らも感じ取っていたようである。先に紹介した「毒言」という病気を思い出してもらうなら、これは共に飲食することで感染すると信じられていた（第三章第二節、七四－七五頁）。一種の「伝染病」だと認識されていたわけである。

「毒言」は得体の知れない病気だが、どのような病気なのか特定できるものとして「癘《らい》」、すなわちハンセン病が睡虎地秦簡には現れる。この病気は、感染力の強弱よりむしろ、患者の外見が変わってしまうことによって過剰に恐れられてきたが、中国古代人も例外ではなかった。封診式にはハンセン病患者の診断報告書があり（封診式52～54）、そこではまず、とある里の里典が一人の里人を連れて出頭し、「ハンセン病の疑いがあるので、連行してきた」といっている。本人を尋問したところ、三年前から病気になり、眉毛が抜けてしまったとのこと。そこで医者が診察し、鼻腔が壊れているとか、歩行が困難になっているといった症状が報告され、「ハンセン病患者である」という診断が示されている。こうして患者と認定された者は、「癘所」に移された。患者を収容しておく、特別な隔離施設があったのだろう。

ここでは患者が、あたかも犯罪者のように扱われている。それはただ単に、彼らが犯罪者と同じように拘束されたからではない。封診式において尋問を受けている患者は、自分の供述を「毋它坐――他に罪は犯していません――」という言葉で締めくくっていた。あたかも病気そのものが「罪」であるかのようである。これについて台湾の東洋史学者である林富士は、ハンセン病は「天罰」と見なされていたのだと主張する。つまりその患者は人間界の法には触れていないものの、実は鬼神にその悪行を咎められて発病したのであり、それゆえに犯罪者として扱われたのだ、というのである。

この説の当否はさておき、特殊な病気が一種の「罪」であると認識され、感染した者がまるで犯罪者のように社会から排除されたのは確かである。目に見えない「感染力」に対する古代人の、強い恐怖がうかがえる。ちなみにハンセン病患者が罪を犯すと、「定殺《ていさつ》――水没刑――」という特別な死刑が適用された（法律答問121）。水の浄化力により、「感染源」を流し去ろうとしたのだろう。こうした恐怖心を古代人ならではの偏見だというのはたやすいが、つい二十数年前までハンセン病患者の隔離政策を続けてきたわれわれも、その偏見を決して笑うことができない。

病気の治療と健康法

病気は悪鬼によって引き起こされると古代人が信じていたことは、その治療方法からも分かる。やまいを癒やすために鬼を払う、一種の呪術療法が行われていたからである。再び睡虎地の日書から引用しよう。

一つの家のなかで理由もないのに、家族がいずれも伝染病にかかり、死んだり病気が重篤になったりしたならば、これは「棘鬼」がそこにいて、まっすぐに立って地面の下に埋もれているのである。その上の地面は、乾燥している時には湿り、雨降りの時には乾いている。地面を掘って鬼を取り除けば、病は収まる。（日書甲種37B－1～39B－1）

「棘鬼」というのは痩せた悪霊であるとか、トゲのある悪霊だとかいわれるが、どのような鬼なのかははっきりしない。日書には、こうした悪霊とそれをお祓いする方法とが、数多く紹介されている。

一方、中国医学の根幹をなす脈診や鍼灸療法も、すでに一定の発達を遂げていた。馬王堆帛書のなかにはさまざまな医学書が含まれており、そこには患者の脈をとり、その状態から症状を診断し、お灸により治療するというやり方がすでに現れている。

足脈。　足の太陽脈。外側のくるぶしの〔後の〕くぼみから出る。上行してふくらはぎを貫き、膝の裏側のくぼみに出る。…（中略）…。その病気。足の小指の不随、ふくらはぎの痛み、膝の裏側の痙攣、臀部の痛み、痔の発生、腰の痛み、脊柱の両側の痛み、□痛、項の痛み、手の痛み、ひたいの中央部のさむけ、難聴の発生、目の痛み、鼻水と鼻づまり、頻回の癲癇発作を起こす。●このような病気にかかった者は、みな〔足の〕太陽脈に灸をすえる。（馬王堆帛書・足臂十一脈灸経　日本語訳は山田慶児『新発現中国科学史資料の研究　訳注篇』を一部改訂）

「二年律令」の出土した張家山二四七号漢墓からは「脈書」という書題を持つテキストが出土しており、そこにも右と同じような文章が見える（脈書17～19、「鉅陽之脈」）。脈診をめぐる理論と、それに対応する灸法とがすでに確立し、類似した内容を持つ医学書が広く流布していたのである。ただし、これらの医書に見えるのは「鍼灸」の「灸」だけであり、どうやら「鍼」の方は、その出現がやや遅かったらしい。

もちろん薬物療法についても、すでに経験的な知識の蓄積があり、さまざまな処方箋が医学書に紹介されている。これも一つだけ紹介しておこう。

別の処方。癃病《りゅうびょう》（尿路疾患）で、小便が出にくく、膀胱がいっぱいになる場合の処方。棗の種を粗く砕いたもの二升と葵の種一升を取り、いっしょにしてかき混ぜ、それを三つに分けて、一斗半の水で【その一つ分を煮る】。よく煮えたら、滓を取り去り、さらに一つ分を煮る。このようにして三つ分を煮てしまう。浚《さら》えてその汁を取り、蜂蜜をまぜてすこし甘くし、温度が適当になったら、□それを飲む。薬がなくなったらもういちど作り、病気【が治ったら】やめる。●良い処方である。（馬王堆帛書・五十二病方173～175　日本語訳は右と同じ）

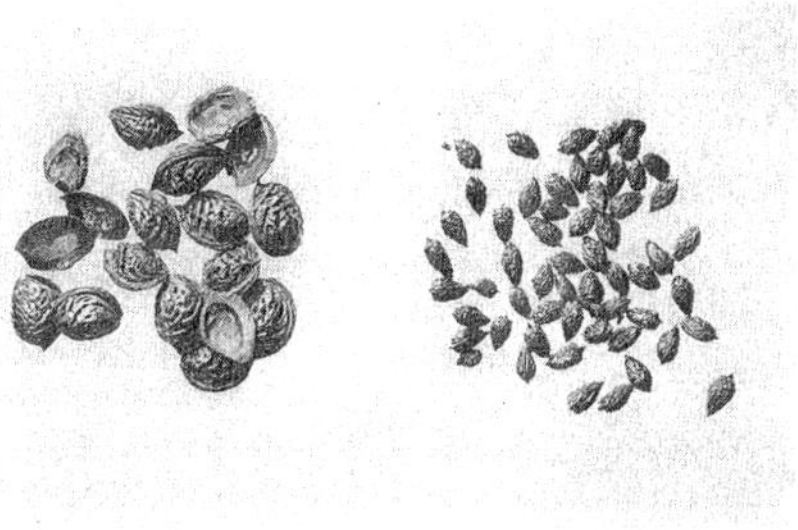

図25　睡虎地11号秦墓出土の桃（左）と棗（右）の種

この処方ではナツメの種が薬として用いられている。現在の漢方医療でも、ナツメは利尿効果があるものとして使われているらしい。実のところ、喜の墓からもナツメが出土している（**図25**）。彼もまた、腎臓や膀胱あたりの病気に悩まされていたのだろうか。

ちなみに尿路疾患には、体操も効き目があった。

図26　馬王堆・導引図「引膝痛」

●瘻病に効く体操。まっすぐ立ち、柱を抱え、人に腰を押さえさせ、息を止めて、力いっぱい尻を持ち上げる。(張家山漢簡・引書60)

「引書」というのは「導引術」の書のことで、呼吸法と身体の動きを組み合わせた健康法、いわば現代の太極拳のようなものである。文章で説明されても、どんな体操なのかいま少しピンとこないけれども、馬王堆帛書には「導引図」と呼ばれる帛書がある。そこではどんなポーズをとるのかが図解されており、その傍らに効用が「引膝痛――膝の痛みに効く体操――」などとして注記されている(**図26**)。こうした絵解きを参考にしながら、喜も毎朝体操に励んでいたのかもしれない。

喜の時代には、脈診・灸法・漢方薬・太極拳と、現在の中国医学の基礎をなす治療や健康維持の方法がすでに出現しており、医学的な知識として広く共有されるようになっていた。だが、まったく非合理的な呪術療法への信奉も、やはり根強かった。医学書にも、薬物療法と並んで呪術療法が同じように紹介されており、たとえば鼠径ヘルニア(脱腸)は、藁で弓を、葛で矢を作り、それで患部を射れば治ったらしい(馬王堆・五十二病方)。医術と呪術とのあいだの垣根は、ほとんどないに等しかった。伝説上の名医である扁鵲《へんじゃく》は、病気には六つの「不治」、つまり治療しようのない状況があるとして、その一つに「シャーマンを信じて医者を信じない」ことを挙げている（『史記』扁鵲列伝）。医術よりも呪術にすがり、命を落とす者も少なくなかったことだろう。

第二節　死と葬送

葬送の儀礼

死者を送る儀礼については、儒教の経典に詳しい説明がある。『儀礼』士喪礼・既夕礼、および『礼記』喪大記などに依拠して、そのあらましを箇条書きにして紹介しておく。

①臨終のとき：病人を寝台の下におろし、真綿を鼻と口につけ、息を引き取るのを待つ。

②復（招魂）の儀式：死者の服を持って屋根に登り、三回にわたり死者の魂を呼び返す。それでも生き返らないことが分かったら、葬儀を始める。

③正尸《せいし》：正寝（表座敷）の寝台に遺体を安置する。歯が食い合わぬよう匙をかませ、足が曲がって固まらぬよう脇息で両足を挟む。主君に訃報を知らせ、その弔問を受け、死者に衣服が贈られる。

④襲（衣服を改める）：亡骸の体・髪を洗い、口には米と貝殻を含ませる。頭を布で包み、靴を履かせ、服を着替えさせる。

⑤斂《れん》（納棺）：「士」身分の者であれば、翌日に小斂が行われ、遺体を衣衾でぐるぐると包む。喪主は死者に取りすがって泣き、さまざまな供物が供えられる。さらに翌日、こんどは堂（前方が吹き抜

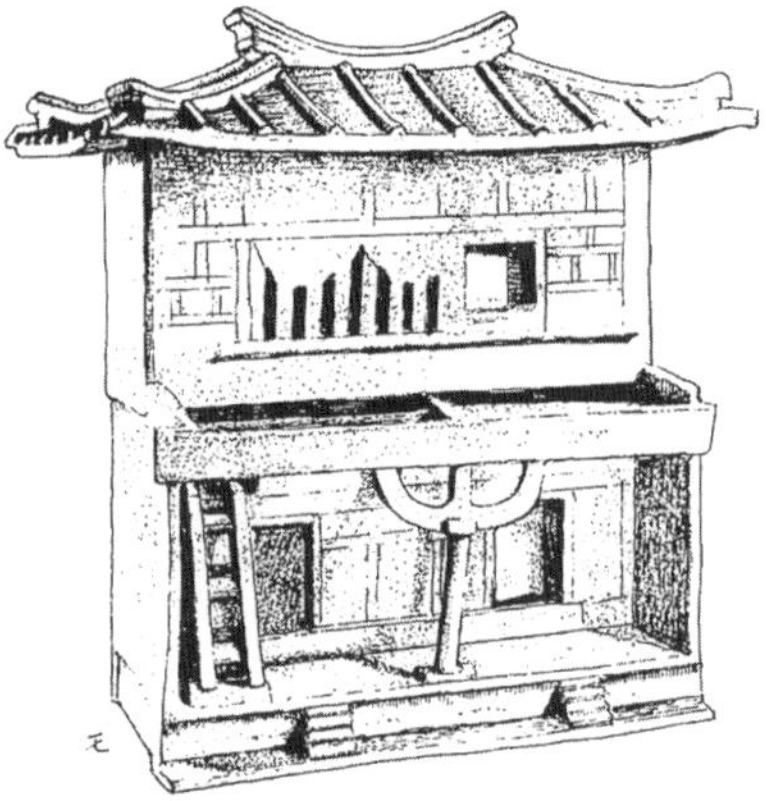

図27　「堂」のある建物の模型

けになっている部屋。**図27**参照。）の上で大斂が行われ、遺体が棺に納められる。
⑥殯《ひん》（仮埋葬）：堂の上に掘った穴に棺を納め、三ヶ月間にわたり仮埋葬する。
⑦筮宅《ぜいたく》・卜日《ぼくじつ》：どこに、いつ埋葬するのかを、占いで決める。あわせて副葬品（明器）を用意する。
⑧葬：仮埋葬した穴から棺を取り出し、まず先祖のみたまやに移す。それから棺を馬車に載せ、副葬品とともに陳列する。君主や知人からの贈り物も受け取られ、それらのリストが作成される。出棺に当たっては贈り物・副葬品のリストが会葬者の前で読み上げられる。やがて馬車が墓穴に着くと、棺が下され、副葬品が納められ、食物などとともに埋葬される。

以上はだいたい、「士」身分の者が死去した場合の埋葬手順である。葬儀は大きく「殯」と「葬」とに分かれていて、遺体はまず自宅付近にいったん仮埋葬された後、造営された正式な墓葬に運ばれ、そこに収められることになっていた。官吏を務めた喜も、やはり身分は「士」に相当したであろうから、右と同じような手順をふんで埋葬されたことだろう。

では、より身分が低い、一般庶民の場合はどうであったか。話は前漢の終わり頃まで降ってしまうが、原渉《げんしょう》という人物の伝記に次のようなエピソードがある。

〔あるとき原渉が招かれて宴会に赴くと、その近くに知人が病気の母親と暮らしていると知った。〕すぐに渉はお見舞いにゆき、門を叩いたが、家の者が哭している。そこで渉は中に入ってお悔やみを言い、葬式のことを尋ねた。家には何もないというので、渉は「ただきれいに掃除してご遺体を清め、私のことを待っていてくだされ」と言い残し、招待主のところに戻ると、ため息をつきながら他の招待客に言った。「人の親が地に臥せて棺に収められていないのに、どういう心持ちで酒食に向かうことができましょう。どうか片付けていただきたい」と。招待客が争って必要な物を問うたので、そこで渉は横にいざって座り、木の札を削って箇条書きにし、衣服や棺の木材、さらには口に含ませる物までもつぶさに記し、分担を決めて招待客たちに渡した。彼らは走り回ってそれを購入し、日が傾く頃にはいずれも整った。渉はみずから点検し終わると、主人に「これらの贈り物を頂戴したい」といった。それから共に飲食したが、渉は一人お腹いっぱいにはせず、やがて棺や品物を車に載せると、招待客を連れて喪家に行き、納棺して人々を励まし、葬儀を終えた。（『漢書』遊侠伝・原渉）

原渉の父は高官だったが、その父が死んだ時、渉は莫大な香典の品々を受け取らず、またきっちりと三年間の喪に服し、これによって名を挙げた。しばらくお役所勤めもしたが、すぐに辞めてしまい、以後はいわゆる「遊侠」の徒として生きた。貧乏で葬式の出せない知人の窮状を知ったときも、義侠心を発揮してパトロンの資産家たちに出資させて、葬式道具を一通り揃えてやった、というわけである。この場合、渉の手助けがなかったら、知人の母親は身を清められただけで埋葬されたのだろう。そして、確かに原渉のおかげで衣服・棺桶などが整えられたものの、葬儀自体はその日のうちに終わっている。庶民たちの簡素な葬儀のさまがうかがえる。

葬具の準備

原渉伝のエピソードのなかで面白いのは、葬式に必要な道具類はいずれも市場で購入でき、しかもその日のうちにすべてが揃った、という点である。考えてみれば、自分や肉親の死を見越して、あらかじめ棺桶や死に装束を自前で作成しておいた、などという人間は、やはり滅多にいないだろう。受け入れがたい肉親の死が訪れたとき、それでもとにかく葬儀は行わねばならないから、それならさしあたり必要なものは銭で購入するほかない。そこに一定の商品需要が、早い段階から存在していたに違いない。

岳麓簡の裁判記録には「棺列」という言葉が現れる（岳麓〔参〕62～87、案例④「芮盗売公列地案」）。「列」というのは市場のなかの一区画のことで、商品ごとに分かれた店舗の列を指す。同業者が軒を連ねる「列」は商人たちを束ねる単位にもなっていて、「列」の責任者として「列長」が置かれていた（秦律十八種68）。従って「棺列」というのは、市場のなかで棺桶を商う店が集中している区画で、さしずめ「葬儀用品屋街」といったところである。ちなみにこの「芮盗売公列地案」では、官府から正式に「列」を割り当てられていないにもかかわらず、勝手にそこに店を作り、さらにはそれを転売した男が裁かれている。「列」に店を出すには、官府から出店許可を受ける必要があったのである。もしも売上税の申告に不正があれば、その許可が取り消されることもあった（二年律令260）。

右の裁判案件には年代が明記されていないが、前後の案件の年代から始皇二二年（前二二五）のものだろうとされている。秦代からすでに、棺桶は市場で購入するものだった。何らかの理由により――たとえば一つの家で同時に複数の死人が出たとき（二年律令288）――、棺桶が国から支給されることもあったが、その場合も希望者には現物ではなく銭が与えられた。

> 棺（内棺）・槨（外棺）の賜与にあたり、代わりに金銭で受け取ろうとする者は、卿以上であれば棺銭を与えること爵一級ごとに一〇〇〇銭、槨は一級ごとに六〇〇銭。五大夫以下であれば棺銭を与えること一級ごとに六〇〇銭、槨は一級ごとに三〇〇銭。爵のない者には、棺銭を与えること三〇〇銭。（二年律令289）

銭を選んだ者は、それを持って市場に棺桶を買いに行ったのかもしれない。

もちろん、木材資源が豊富な場所であれば、山に行って木を伐り倒し、棺桶を自分で作る者もいただろう。通常、春二月から夏のあいだ（四〜六月）は、山の木を伐ったり、草を焼いたり幼獣を殺したり、さらには毒を使って漁をしたりすることは禁じられていた。一種の「環境保護」の理念とも通じる、季節ごとのこうした禁令を「時令」といい、それは法律規定にも反映されていた。ただし、「不幸にして死亡し、棺槨の材木を伐採する場合は、どの時期でもかまわない」（秦律十八種4～5）となっている。生業として棺桶を作っていた手工業者も含めて、棺材の伐採は通年で認められていた。

いずれにしても、葬儀はなにかと物入りである。尹湾漢簡には次のような簡がある。

……（前略）……
□子家二百　□孫卿　●外大母
王君功二百　孫都卿
□元卿二百　戴子然
師君長五百　永始二年十一月十六日　京君兄
蔡君長
莒威卿（尹湾漢簡 YM6D7B）

見てのとおり、名前と数字が列挙されるだけで、いったい何の記録なのかはっきりしない。いちばん下の欄に「外大母――母方の祖母――」とあるのが唯一の手がかりで、おそらくはこの祖母の葬儀に際し、受け取った香典のリストではないかといわれている。親戚や近所の者が銭を持ち寄って、葬儀の支出を助けたのだろう。先に紹介した「里僤賦」というのも（第三章第二節）、葬儀の出費に備えて、みなで積み立てておく資金だった。こういう「不幸疾病死喪の費」（『漢書』食貨志）は、庶民にとっては少なからぬ負担となっていた。なかには費用を分担しようにも銭はない、という者もいただろう。その場合は、貧しかった頃の陳平（第六章第一節）と同じように、早朝から葬儀に参列し、遅くまで居残って、せめてもの手伝いをしたのだろう（『漢書』陳平伝）。

副葬品の一覧──「遣策」──

葬儀に必要なのは棺桶や白装束だけではない。墓葬には食糧や日用品など、さまざまな副葬品が収められる。本書を支えている数々の簡牘史料も、お墓から出土したものはあくまで「副葬品」である。相応の財産家であれば、副葬品の分量もかなりのものとなり、葬儀に際してはそのリストが作成され、出棺の時に読み上げられた。この副葬品一覧を「遣策《けんさく》」という。

葬儀の贈り物を幅広の板に書く。九行、あるいは七行、あるいは五行。墓に副葬する品物（「遣」）は編綴した竹簡（「策」）に書く。…喪主の書記係が板に書かれた贈り物リストを読み上げることを求め、算木を持った者がその後ろに従い、柩の東側の、前の方の束ね紐のところで西を向いて立つ。「声をあげて泣く（「哭《こく》」）のを止めよ」との号令はかからないが、哭する者は互いに察して止める。ただ喪主とその妻だけは哭する。灯火を持った者が書記係の右側に、南を向いて立つ。リストを読み、算木を並べる者は座る。（『儀礼』既夕礼）

会葬者のお供えは板に、副葬品は竹簡を列ねて紐で綴じた冊書に書かれることになっているが、実際にはさまざまで、尹湾漢墓から出土した副葬品リストは幅広の板に書かれていた。

最初に述べたとおり、喜の墓からは簡牘のほか、筆や銅削、漆器・銅器・陶器などの日用品、馬車模型・六博棋（ゲーム盤）・瑪瑙環などが出土している。だが、残念ながら遺策は出土していない。一方、「二年律令」が出土した張家山二四七号墓からは発見されていて、地方に暮らした下級の法律官吏の墓に、どのような物品が副葬されたのかを知ることができる。すこし長くなるが引用しておく。

禪縑襦一　五穜（種）嚢一　□薪三車（張家山漢簡・遣策1）
錦帬一　筭（算）嚢一　卮一合（〃2）
紺袍一　白帯一（〃3）
布禪襦一　秫米嚢（〃4）
…（中略）…
□嚢一　書、、、一笥（〃34）
▨矢九　画杯七（〃35）
伏机（几）一　鋌（梃？＝杖）一（〃36）
矛一　枚杯七（〃37）
剣一　卑匲（匳）二合（〃38）

筆一、有管　□十二　（〃39）
研一、有子　沐部婁一　（〃40）
⧄合⧄　（〃41）

それぞれの物品について一つ一つ説明しないが、シルクのシャツ（「縑襦」）や綾織りの袴（「錦帬」）から始まって、武器や食糧、筆や硯（「研」）、さらに「二年律令」などが収められていたのであろう文書の箱（「書一笥」）などが列挙されている。

左の図（**図28**）に示したとおり、第35簡の「画杯七」と書かれた部分の下には、墨で短い縦画が書かれている（円で囲んだ部分）。これは遺策の記載内容と実際の副葬品とを付き合わせてチェックした痕跡だろう。遺策に書かれているとおりに副葬品があれば、物品名の下に目印の墨線を引いたのである。時

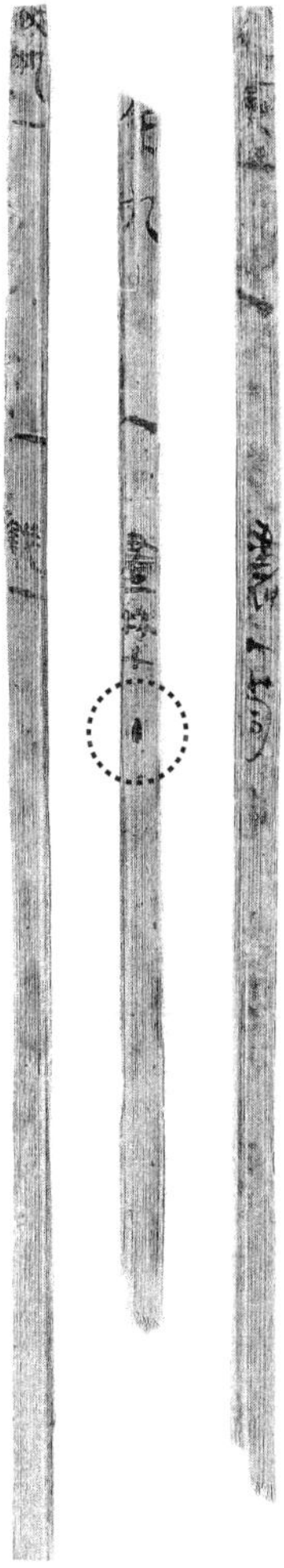

三六　三五　三四

図28　張家山・遺策34～36

として、リストと現物の数とが異なり、「○○がX個、今はY個」というぐあいに、個数が修正されている遣策も見られる（馬王堆三号墓出土簡332、377）。

従って遣策とは、実際に副葬された品々のリストではなく、いわば「副葬予定品」のリストだった。遣策そのものは埋葬に先だって準備され、その後で実際に用意できた物品と照合される。数が一致しなければ、小計簡を追加作成したり、記載を修正したりすることもあった。ただしこうした修正は徹底しておらず、遣策の記載と実際の出土品の数とが合致しないケースもある。これについては、他家からもらったお供えが、急遽副葬されることなどもあったのだろうと推測されている。ありそうな話である。

埋葬の日取りと場所

死者の亡骸を墓葬に収めるに際しては、先に述べたとおり「筮宅・卜日」が行われた。「宅」とは被葬者の「死後の家」つまり墓地のことであり、「日」とはそこに埋葬する日取りで、それらが「筮」（筮竹占い）や「卜」（甲骨占い）によって決められたのである。

睡虎地の日書には、「葬日」と題された占いが載っていて、これがすなわち「卜日」の方の指針である。

葬日、子・卯・巳・酉・戌の日は、これを「男日」という。●午・未・申・丑・亥・辰の日は、これを「女日」という。女日に死んで、女日に葬ったら、必ずもう一度繰り返すことになる。男子の場合も同じである。●およそ丁丑の日には葬ってはならず、葬ったら必ず三回繰り返すことになる。

（睡虎地・日書甲種30－2～31－2）

ここでは日付の十二支によって吉日と凶日とが決まっていて、凶日を選んでしまったら、同じ家からまた死者が出るとされていた。さらに本葬に限らず、死者のために哭したり、仮埋葬したりするのにも、それに相応しい日とそうではない日とがあった。

辰の日には哭したり、殯の穴を掘ったりしてはならず、そうしたなら葬儀が繰り返される。占いや建物の建築も行ってはならない。（睡虎地・日書乙種191－2）

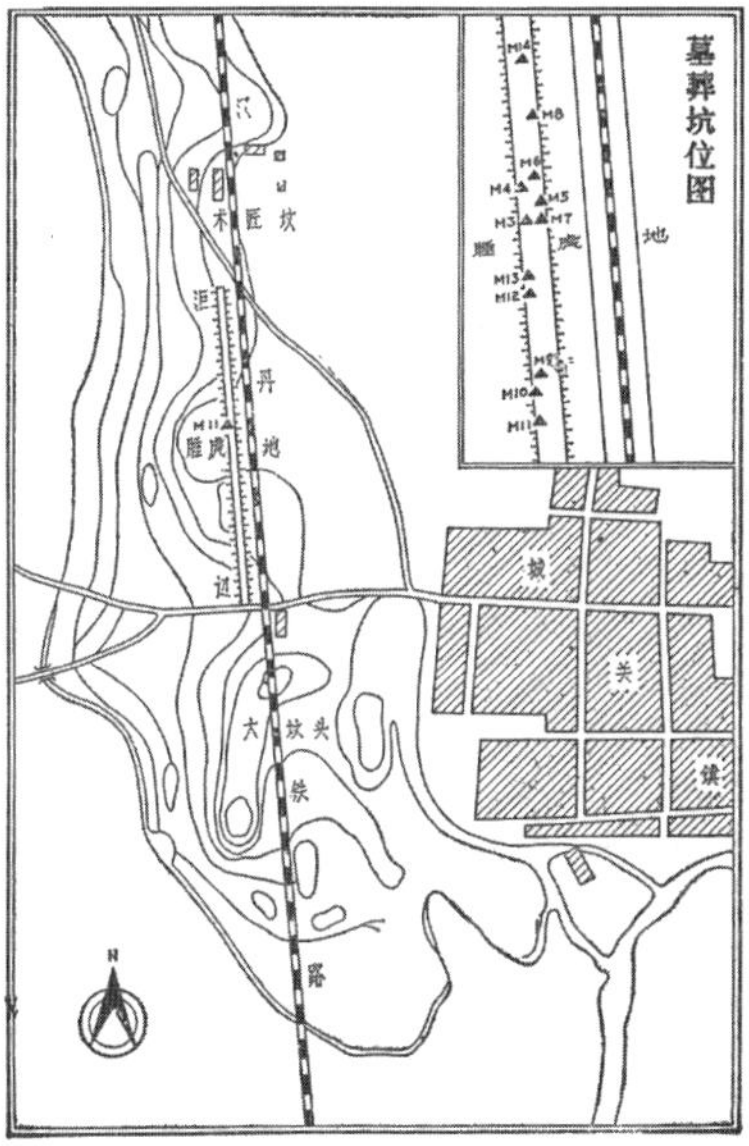

図29　睡虎地秦墓群

一方、墓地選びの指針は日書には見えない。一般論としてなら、墓地は高台に作られるのが定石だったらしい。項羽と劉邦の争いに第三の男として参戦し、勝敗の行方を決めた韓信《かんしん》という武将は、若い頃はたいへんな貧乏だった。しかし志は高く、母親が死んだ時には「高台の広々した土地に墓

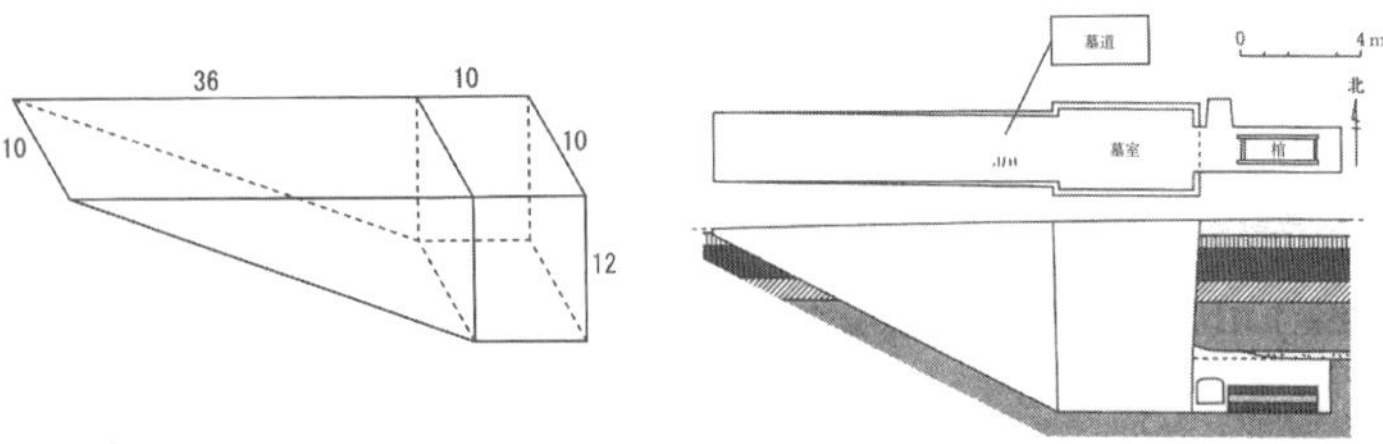

図30　張家山漢簡「算数書」の「羨除」によって求められる立体（左）と墓道の形状（右）

をつくり、その傍らに一万軒の家をおけるようにした」という（『史記』淮陰侯列伝・賛）。睡虎地秦墓の場合も、南北の二つの山を繋ぐ尾根の上にいくつもの墓地が作られている（**図29**）。墓葬の下の層からは、東周時代の井戸が発見されており、墓葬区になる前は集落があったと考えられている。集落がなくなった後、喜の先祖がこの丘陵地を墓葬区に選び、そこに代々の墓が造営されたのであろう。

場所が決まったら、そこに墓穴が掘られる。棺桶一つを収めるだけの小さな墓ならいざしらず、喜の墓は一棺一槨、つまり亡骸の入った内棺を一回り大きな外棺で囲み、そのあいだに相応の副葬品を収めた立派な墓だから、掘られるべき穴もそれだけ大きい。親戚や隣人たちが手分けしたのか、墓堀人夫が雇われたのか、詳しいことは分からない。墓葬の掘削については、張家山漢簡に面白い史料がある。

> 除。□羨除（＝墓道）、その定（奥の四角柱部分）の正方形は一丈四方、高さ一丈二尺。その除（手前の三角柱部分）の巾は一丈・長さ三丈六尺、その一端は高さがない。その体積は三三六〇立方尺。計算方法は、…。
> （張家山漢簡・算数書141～142）

四角柱と三角柱を合わせたような立体について、その体積をはじき出すための計算方法を説明したテキストである。これだけだと純粋な算数の問題のようにも見える。だが、図にあるとおり、この立体は墓穴、正確にいえば墓穴とその底へと続くスロープの形にそっくりである（図30）。計算によって知られるのは、立体の体積というよりも、墓葬を掘削するために取り除かなくてはならない土砂の体積、と言った方がよい。造営予定の墓葬の規模から、掘り出すべき土砂の量を計算し、何人で何日間くらいかかるのか、そのためにどれほどの予算を準備しておけばいいのか、見積もられたのであろう。きわめて実用的な計算問題だったといえる。

かくして、用意された墓室のなかに喜の棺槨が安置され、彼は永遠の眠りについたのである。

冥土への旅立ち

喜の生涯はこうして幕を閉じた。だから本書もここで締めくくられるはずだが、もう少しだけ続きがある。中国古代人にとって、死は「永遠の眠り」ではなく、地下における第二の人生の幕開けだったからである。

ただし正直なところ、中国古代人が死後の世界に対してどのようなイメージを抱いていたのか、正確に知るのは難しい。そもそも彼らとて実際には死んだらどうなるかを知らなかったわけで、結局は漠然としたイメージを持っていたに過ぎない。仏教が説くような体系立った、画一的な来世観が中国に持ち込まれる前のことだから、時代によって、あるいは地域によって、大きな違いがあった可能性もある。

そのなかにあって確かに見てとれるのは、彼らが現世と来世とを完全に切り離さず、むしろ両者は連続するのだと考えていたことである。彼らにとって死ぬことは、あたかも地下にある別の町に引っ越すようなものだった。

江陵県丞の印で封印。

安都宛て。

文帝七年（前一七三）十月丙子朔庚子（二十五日）、中郷嗇夫の起が申し上げます。新安県の大女である燕が申し立てるには「大奴甲・乙、大婢妨と安都に引っ越します」とのこと。どうか安都に告げて戸籍を受け取らせていただきたい。この文書が届いたら、回報してください。以上、申し上げます。産が書いた。

十月庚子、江陵県令の龍氏・丞の敬が安都の丞に移送する。亭が書いた。

新安県の人、戸主で成人女性の燕。関内侯の寡婦。

成人の男性奴隷、甲。

成人の男性奴隷、乙。

成人の女性奴隷、妨。　家に不幸があり、課税対象としない（?）。

（以下、物品リストは省略）

（高台一八号漢墓出土簡 M18：35 甲〜丁）

高台漢墓から出土した右の簡は、一人の女性が江陵県から「安都」に引っ越すので、彼女の戸籍と、随行する人員や持参する物品のリストとを先方に送る、という内容を持っている。文中に見える新安県というのは漢代には弘農郡に所属しており、この簡が発見された湖北省荊州市（漢代の江陵県）からは遠く離れている。おそらく女性の原籍（嫁ぐ前の本籍）なのだろうといわれている。一方、引っ越し先の「安都」というのは、漢代の県のなかには見当たらない地名である。これをあくまで実在の県名だとして、いろいろと考証する研究者もいるが、他の類似する簡牘の書式からして、「安都＝幽都＝あの世」とするのが妥当だろう。地下世界の官吏に対して、「戸籍を送る」と告げているのである。こうした簡を「告地策――地下に告げる文書――」と呼んでいる。地下世界に宛てた架空の文書であることが、はっきり分かる類例簡も引いておこう。

> 景帝後元二年（前一四二）正月壬子朔甲辰（？「甲辰朔壬子」の誤なら九日）、都郷嗇夫の燕・佐の戎が申し上げます。庫嗇夫の辟が奴の宜馬・取・宜之・益衆、婢の益夫・末衆、車一乗、馬三匹とともに参ります。
> 正月壬子、桃侯国丞の万が地下丞に移送する。戸籍を受け取ったら、回報されたい。（随州孔家坡八号漢墓出土簡）

こちらの方は宛先が「地下丞――地下世界の次官どの――」となっていて、架空の話であることは明白である。

中国古代人にとって、死ぬことは地下への引っ越しであった。現実世界であれば、引っ越しに際して移転先に戸籍情報が送られる（第二章参照）。ならば死ぬときにも、同じような手続をふまなければ処罰されてしまうだろう。そこでこうした文書が作成され、埋葬されたのである。もちろん本物の文書ではない。このように、現実の制度になぞらえて作成された文書を「擬制文書」という。

擬制文書はあくまでフィクションである。右の告地策に列挙されている同行者たちや利用する馬車も、実際に所有していた奴隷や馬車ではない。墓に副葬された木の人形や馬車模型のことである。高台一八号墓の墓主は、「関内侯」という非常に高い爵位を持つ者の夫人だと記されているが、こういう情報もやはり額面通りに受け取らない方がいい。現実世界と同じ形式の文書を用意しつつも、そこにちょっとしたフィクションを織り込んでおいて、それで地下世界での待遇がよくなるならば、それに越したことはない。秦代の墓から見つかった次の文書も、おそらくそうした擬制文書だろう。

取り調べた結果、辟死への裁きは城旦とするには相当しない。間違った裁きをした役人はすでに罪を問われて裁きを受けた。九月丙申、沙羨県の丞である甲・史の丙は辟死を赦免して庶人とし、元の通りに戻させる。（龍崗秦墓出土木牘）

この文書によると、墓主の「辟死」という人物は冤罪で刑徒とされたものの、その後無実が証明されたらしい。もちろんこれが事実なのかもしれないが、フィクションである疑いも濃い。辟死の遺族たちは、刑徒となって死んだ辟死が、せめて地下世界では一般人として暮らして欲しいと望み、こういう文書を用意したのではなかろうか。

そうだとすれば、このような小細工をこらさない限り、現世で刑徒だった人間は来世でも刑徒であると、つまり現世の身分が来世にも持ち越されるのだと中国古代人が考えていたことになる。貴族は来世でも貴族で、農民なら農民で、そして役人であれば来世も役人だ、という具合である。こう考えると、睡虎地一一号墓から大量の法律史料が出土したこともよく理解できる。現世で法律官僚だった喜が、来世で再び役所勤めを始めたときに備えて、これらのテキストは副葬されていたのである。もちろん、辞職して以降は内容の更新が止まっていて、古い用語が残っていたり、最新の条文が収められていなかったりしただろうが、それでもないよりはましだろう。

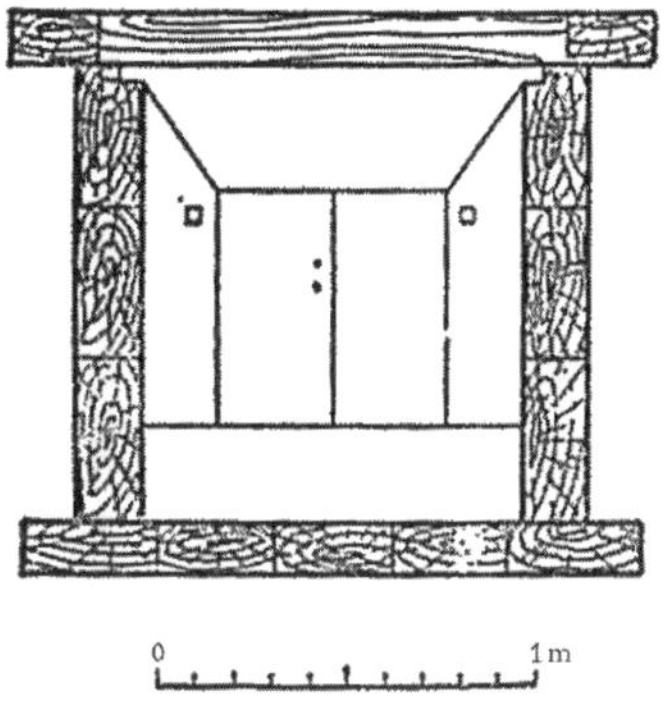

図31　棺に設けられた「木戸門」

喜の場合、法律のテキストは棺の中に入れられていて、その気になればすぐ手に取れた。だが筆や銅削は頭廂《とうしょう》の方に収められていた（一二頁図3参照）ので、彼が地下世界で法律条文を読んでいて、法文に残る古い用字や用語を改めようとするとき、いささか不便であったように思われる。だが実は、その不便を解消する工夫が、ちゃんと設けられていた。一一号墓の棺室と頭廂の間には、「木戸門」が設けられていて、その扉の端に開けられた二つの小さな穴には、取っ手紐がなお付着していた（図31）。つまりここを「通って」、棺から頭廂の副葬品を「取りに行く」ことができたのである。

こうして地下世界で生活しているのは、死者の「魂」である。たとえ肉体は滅んでしまっても、その魂は肉体から抜け出して、なおも確実に存在していた。葬送の儀礼のなかで紹介したとおり、息を引き取った直後には、遺族は死者の服を持って屋根に登り、死者の魂を呼び返そうとしている。魂がそれに気づいて帰ってくればいいのだが、それでも生き返らねば、もはや如何ともしがたい。ようやく葬儀は次の段階へと進んでいった。ただし、抜け出した魂は、どこかに行ったきりだったのではない。後漢時代の墓葬内から発掘された石材（「磚」）には、こんな文章が書かれていた。


永和五年（一四〇）に造営した。…（中略）…。嘆いていうには「死者の魂は棺槨にもどってくる。みだりに飛びまわらなければ、道中の心配はないでしょう。一万年ののち、ふたたびお会いしましょう」と。（遼寧省蓋県九壠地出土文字磚『文物』一九七七年第九期）

魂は肉体を離れ、自由にふわふわと飛びまわることもできるが、結局は墓葬内の棺槨に戻ってくると考えられていたのである。

そうなると、墓葬とはいわば、地下世界における死者の「家」である。だからなるべく快適に過ごせるよう、さまざまな副葬品が死者とともに埋葬された。喜の墓も同様で、多くの副葬品が亡骸とともに棺に収められていた。この墓のなかで喜は、時には若い時分のことを思い出し、改めて文字や法律の勉強を始めてみたり、それに疲れたら六博棋を取り出して、ゲームで一息つくとか、日書で明日の運勢を占ってみたりして、地下での生活を楽しんでいたのだろう。一九七五年十一月、土木工事の作業員がうかつにも、彼の地下の「家」をつき壊してしまうまでは。

おわりに

「生活史」へのアプローチ

喜の生誕から始まって、彼が無事に冥土へと旅立つまでを、計九章にわたってたどってきた。最初にもことわったとおり、彼の生涯そのものについては断片的な事実しか分かっておらず、ほとんど不明であるに等しい。しかし同時代人たちの生涯や、彼らを取り巻いていた諸制度を詳しく見てゆくと、喜が生きた時代の雰囲気も少しは飲み込めてきて、その時々の彼の息づかいすら、何となく感じ取れるような気がしてくる。出土文字史料には、その他にもさまざまな市井の人々が現れ、史料を読みながら、思わず彼らに親近感を抱いてしまうこともしばしばである。

しかしながら、彼らとわれわれ現代人とのあいだに、二〇〇〇年もの時間の隔たりがあることを、一方では決して忘れてはならない。同じ人間同士、もちろん通じ合うところは少なくないだろうが、明らかに違う点もあるし、また一見同じように行動していても、実はまったく異なる動機に支えられているということもあるだろう。古代ギリシア・ローマの社会形態を論じたクーランジュ『古代都市』の冒頭には、次のような警告がある。

われわれを少年時代からギリシア・ローマ人のあいだに生活させるわが国の教育制度は、たえず彼らをわれわれと比較し、彼らの歴史をわが国の歴史によって判断し、かつわが国の革命を彼らの革命によって説明する習慣をあたえた。…われわれはほとんどつねに彼らギリシア・ローマ人のうちにわれわれ自身の姿をみとめる。しかし、ここからおおくのあやまりが生ずるのであって、これら古代民族を、現代の見解や事実をとおしてながめるとき、ほとんどつねに彼らを誤解する心配がある。(『古代都市』田辺貞之助訳、白水社、一九九五、三五頁)

古代と現代との間に大きな違いを生み出しているのは、クーランジュによれば「信仰」である。古代人は生命や死、あるいは神の原理について、現代人とはまったく異なる思想を持っていて、それを理解してはじめて、彼らの社会制度を正しく理解できるのだと、彼は主張する。確かにそのとおりであって、日常生活の中での人びとの行動は、利得への欲求や刑罰への恐怖、あるいは現代的な「理性」などとは、まったく別次元の動機によっても支えられていたことであろう。中世ヨーロッパの「生活と思考の諸形態」を論じたホイジンガも、「日常生活」への表面的なアプローチを、次のように述べて戒める。

年代記の報告があてにならぬといい、証書類を好み、できるだけこれに拠ろうとする、近ごろの科学としての中世史学は、まさにそのような好みゆえに、ときとすると危険なあやまちに陥ることがある。文書は、わたしたちをその時代から分かつ生活の調子のちがいについては、ほとんどなにも教えてはくれない。中世の生活にみなぎっていたはげしい情感《パトス》の動きを、わたしたちに忘れさせて

しまう。（『中世の秋』Ⅰ、堀越孝一訳、中央公論社、二〇〇一、一七頁）

この批判は、法律条文や裁判記録などの「文書」を主として利用した本書にとっても、ほんとうに耳が痛いところである。

異形の者へのまなざし――情感の一例として

本書を締めくくるにあたり、せめていささかなりとも欠点を補って、この批判に応えておこう。一例として私が挙げられるのは、「通常」とは異なる外見を持つ者への、強烈なまでの忌避感である。これは中世ネーデルランドの、「貧しいもの、身体障害のあるものに対するおそろしいまでの残忍さ。他方には、心うたれるやさしさ」（『中世の秋』、四一頁）にも通じる部分がある。

異形の者への忌避感は、ハンセン病患者を罪人扱いする話の中でもすこし触れた（第九章）。肉刑とされた者が、終わりのない労役に就けられたのも、実のところ同じ忌避感に支えられている。こうした差別が思わぬところにまで広がっていた。『周礼』冢人には次のような記事がある。

冢人《ちょうじん》は君主の墓地を掌り、その墓のある区域を管理し、図面を作る。歴代の王の墓は真ん中にあり、世代順に左右に配置する。…戦死した者の墓は墓葬域に入れない。…

「家人」は王家の墓地を管理する役人で、この墓葬区には王、さらにはその子孫である諸侯や卿・大夫らの墓が造営された。だが、たとえ王の子孫であっても、戦死した者（原文は「兵（武器）に死せる者」）はこの墓葬区に入れられなかった。「王のために戦って死んだのに、なぜ？」と首をかしげたくなる制度である。これについて『周礼』の注釈は「戦って敗れたのは勇気がなかったからで、だから墓葬区の外に放り出して罰するのだ」といっている。なるほど、とも思うけれども、だがそれでは、勇敢に戦って死んだ者は報われない。

一方、『白虎通《びゃっこつう》』という書物には異なる解釈が見える。この書物が注目するのは、身体を毀傷された者は、先祖代々の墓域に葬られない、というルールである（『白虎通』喪服・論三不弔）。「武器で死んだ者」は往々にして手足、あるいは首を欠いているだろう。そうした姿になったなら、刑罰が原因である場合はもちろんのこと、たとえ名誉の戦死であったとしても、もはや先祖と同じ墓所には入れないのだ、という解釈であり、東洋史学者の貝塚茂樹はこちらの説に賛同している。第九章で述べたとおり、墓葬は死後の世界における「家」であったから、永遠に暮らすことになる自分の家の近所に、「首のない隣人」など居てもらっては困る、ということなのだろう。異形の者への強烈な忌避感は、死後の世界にさえ持ち越されたのである。

こうした古代人の「情感」を背景にすえると、制度の背景がほの見えてくることもある。たとえば二年律令によると、刀傷を負って「罷癃《ひりゅう》」（身体に障害のある者）とされた人間のうち、戦場で傷を負ったのでなければ、「官府において四交替制で作業する」ことになっていた（二年律令408〜409）。一回の当番は通常一ヶ月だから、四交替制だと一年間に三ヶ月就労することになり、一般人よりはずいぶんと長い。よりによってなぜ負傷者を酷使するのだろうかと、現代人の目には不合理な制度のように映る。だが、もしも刀傷を負った者が厳しく差別され、負傷前と同じ生活を送れなくなっていたとしたらどうだろう。官府で就労すれば、その間は公務に使役されるが、同時に労役に応じて食糧も支給される。そうなると通常よりも長い就労期間は、社会から排除された者に対する、一種の「生活保護」の意味合いを帯びてくる。

中国古代の制度もまた、古代人独特の観念――信仰・思想・情感――と密接不可分の関係にあった。本書においても、制度のなかからそうした観念世界を探り出そうとしたり、あるいは「日書」を用いてそれに迫ろうとしたりはした。だが、やはり制度の外枠を紹介することが優先され、そちらが主たる内容となってしまったのは否めない。いわば日常生活の「骨組み」を述べてばかりで、その「血や肉」を語るには到らなかった。この点は、本書が抱えている大きな欠陥の一つである。

とはいえ、たとえ骨組みに過ぎないとしても、増加する出土文字史料のおかげで、中国古代の諸制度は、その小さな骨格の一つ一つに到るまで、確かな手応えをもって復原されつつある。骨格がきちんと把握されたなら、そこにどのような肉がつき、どのように動くはずだったのか、見当もついてくるだろう。あるいは、一見何の役にも立ちそうにない骨のパーツが、実は進化の名残――かつて存在していた信仰や思想の痕跡――なのだと分かることもあるだろう。このようにして古代人の生活史を解明していくための、現時点で得られているいくつかの手がかりを、本書では紹介してきた。そのなかで、固い証拠によって支えられている点については、論拠となる史料が何なのかをなるべく明示するよう心がけた。それらの史料、とりわけ新出の簡牘史料は、多くの読者にとって馴染みのないものであろうが、巻末の参考文献に示したとおり、新出史料の日本語訳も近年では充実してきている。興味を持たれた方は、どうか手に取って眺めてみていただければと思う。本書やそれらの史料から、古代人のほのかな体温が読者に伝わったなら、筆者としてこれ以上の喜びはない。

参考文献一覧

出土文字史料の注釈・翻訳

【睡虎地秦簡】

早稲田大学秦簡研究会「雲夢睡虎地秦墓竹簡「爲吏之道」訳注初稿」(一)～(二)『史滴』九号～一〇号、一九八八～一九八九

――「雲夢睡虎地秦墓竹簡「語書」訳注初稿」(一)～(二)『史滴』一一号～一二号、一九九〇～一九九一

――「雲夢睡虎地秦墓竹簡「封診式」訳注初稿」(一)～(六)『史滴』一三号～一八号、一九九二～一九九六

――「雲夢睡虎地秦墓竹簡「法律答問」訳注初稿」(一)～(二)『史滴』二〇号～二一号、一九九八～一九九九

松崎つね子『睡虎地秦簡』明徳出版社、二〇〇〇

高橋庸一郎『睡虎地秦簡『編年期』『語書』釋文註解』朋友書店、二〇〇四

工藤元男（編）『睡虎地秦簡訳注――秦律十八種・效律・秦律雑抄』汲古書院、二〇一八

【岳麓書院蔵簡】

中国古算数書研究会『岳麓書院蔵秦簡「数」訳注』朋友書店、二〇一六

陶安あんど「嶽麓秦簡司法文書集成『爲獄等狀等四種』譯注稿」事案一～六『法史学研究会会報』第一七号～第二三号、二〇一二・二〇一四～一九

柿沼陽平「岳麓書院蔵秦簡訳注　案例七」『帝京史学』三〇、二〇一五

専修大学『二年律令』研究会「『岳麓書院蔵秦簡（參）』訳注（一）～（三）」『専修史学』第五九号・六一号・六三号、二〇一五～二〇一七

下倉渉「ある女性の告発をめぐって――岳麓書院蔵秦簡「識劫娩案」に現れたる奴隷および「舍人」「里単」」『史林』第九九巻第一号、二〇一六

「秦代出土文字史料の研究」班「岳麓書院所蔵簡《秦律令（壹）》訳注稿」（一）～（三）、『東方学報』京都九二・九三・九五冊、二〇一七～一八・二〇二〇

【張家山漢簡】

専修大学『二年律令』研究会「張家山漢簡『二年律令』訳注」『専修史学』第三五～四八号、二〇〇三～二〇一〇

冨谷至（編）『江陵張家山二四七號墓出土漢律令の研究』朋友書店、二〇〇六

池田雄一（編）『奏讞書―中国古代の裁判記録』刀水書房、二〇〇二

――『漢代を遡る奏讞―中国古代の裁判記録』汲古書院、二〇一五

学習院大学漢簡研究会「秦漢交替期のはざまで―江陵張家山漢簡『奏讞書』を読む」等、『学習院史学』三八～四〇号、二〇〇〇～〇二、及び『中国出土資料研究』四～七号、二〇〇〇～〇三

張家山漢簡算数書研究会『漢簡『算数書』―中国最古の数学書』朋友書店、二〇〇六

【馬王堆帛書】（本書で利用したものに限る）

山田慶児（編）『新発現中国科学史資料の研究　訳注篇』京都大学人文科学研究所、一九八五

白杉悦雄・坂内栄夫『馬王堆出土文献訳注叢書　却穀食気・導引図・養生方・雑療法』東方書店、二〇一一

大形徹『馬王堆出土文献訳注叢書　胎産書・雑禁方・天下至道談・合陰陽方・十問』東方書店、二〇一五

はじめに

池田雄一「湖北雲夢睡虎地秦墓管見」『中央大学文学部紀要』史学二六、一九八一

雲夢睡虎地秦墓編写組『雲夢睡虎地秦墓』文物出版社、一九八一

古賀登『漢長安城と阡陌・縣郷亭里制度』雄山閣、一九八〇

間瀬収芳「雲夢睡虎地秦漢墓被葬者の出自について」『東洋史研究』第四一巻第二号、一九八二

松崎つね子『睡虎地秦簡と墓葬からみた楚・秦・漢』汲古書院、二〇一七

第一章

大形徹『馬王堆出土文献訳注叢書　胎産書・雑禁方・天下至道談・合陰陽方・十問』東方書店、二〇一五〔前掲〕

椎名規子「ローマ法における婚姻制度と子の法的地位の関係——欧米における婚外子差別のルーツを求めて」『拓殖大学論集』二〇一二、二〇一八
原田慶吉「古典世界に於ける生児遺棄の研究」『春木先生還暦祝賀論文集』有斐閣、一九三一
森和「「日書」と中国古代史研究——時称と時制の問題を例に」『史滴』第三〇号、二〇〇八

第二章

邢義田「漢代案比在県或在郷?」『治国安邦　法制・行政与軍事』中華書局、二〇一一
鈴木直美「『里耶秦簡』にみる秦の戸口調査」『中国古代家族史研究——秦律・漢律にみる家族形態と家族観』刀水書房、二〇一二
宮宅潔「秦の戦役史と遠征軍の構成——昭襄王期から秦王政まで」宮宅潔（編）『中国古代軍事制度の総合的研究』科研費報告書、二〇一三
——「秦代遷陵県志初稿——里耶秦簡より見た秦の占領支配と駐屯軍」『東洋史研究』第七五巻第一号、二〇一六
籾山明『中国古代訴訟制度の研究』京都大学学術出版会、二〇〇六
吉本道雅「先秦」冨谷至・森田憲司（編）『概説　中国史　上』昭和堂、二〇一六）
李均明「張家山漢簡所見規範人口管理的法律」『簡牘法制論稿』広西師範大学出版社、二〇一一
劉欣寧「秦漢時代の戸籍と個別人身支配——本籍地に関する考察」『史林』第九五巻第六号、二〇一二
渡辺信一郎『中国古代国家の思想構造——専制国家とイデオロギー』校倉書房、一九九四

第三章

飯尾秀幸『中国史のなかの家族』山川出版社、二〇〇八
池田雄一『中国古代の集落と地方行政』汲古書院、二〇〇二
邢義田「従出土資料看秦漢聚落形態和郷里行政」『治国安邦　法制・行政与軍事』中華書局、二〇一一
佐原康夫「江陵鳳凰山漢簡再考」『東洋史研究』第六一巻第三号、二〇〇二
中国古算数書研究会『岳麓書院蔵秦簡「數」訳注』朋友書店、二〇一六〔前掲〕

西嶋定生『中国古代帝国の形成と構造――二十等爵制の研究』東京大学出版会、一九六一
堀敏一『中国古代の家と集落』汲古書院、一九九六
宮崎市定「古代中国賦税制度」『宮崎市定全集　3』岩波書店、一九九一
――「中国における聚落形体の変遷について――邑・国と郷・亭と村とに対する考察」同右
籾山明「漢代結僤習俗考」『秦漢出土文字史料の研究――形態・制度・社会』創文社、二〇一五
渡辺信一郎「戸籍」岡本隆司（編）『中国経済史』名古屋大学出版会、二〇一三

第四章

池田雄一「春秋戦国時代の罪刑法定化の動きと以吏為師について」『中国古代の律令と社会』汲古書院、二〇〇八
石川禎浩『革命とナショナリズム』岩波新書、二〇一〇
エノ・ギーレ「書記官登用規定の文献学的研究――張家山漢簡「史律」を用いて」『張家山漢簡による中国漢代制度史の再検討』科研費報告書、二〇〇八
白川静「漢字」『白川静著作集　第一巻』平凡社、一九九九
廣瀬薫雄「張家山漢簡『二年律令』史律研究」『秦漢律令研究』汲古書院、二〇一〇
北京大学出土文献研究所『北京大学蔵西漢竹書〔壹〕』上海世紀出版股份有限公司・上海古籍出版社、二〇一五
宮宅潔「秦漢時代の文字と識字――竹簡・木簡からみた」冨谷至（編）『漢字の中国文化』昭和堂、二〇〇九
吉本道雅「睡虎地秦簡年代考」『中国古代史論叢』九、二〇一七

第五章

大沢正昭『主張する〈愚民〉たち――伝統中国の紛争と解決法』角川書店、一九九六
厳耕望『中国地方行政制度史　甲部　秦漢地方行政制度』中央研究院歴史語言研究所、一九九〇
高村武幸「里耶秦簡第八層出土簡牘の基礎的研究」『三重大史学』一四、二〇一四
陳松長「岳麓書院所蔵秦簡綜述」『文物』二〇〇九年第

三期
土口史記「戦国・秦代の県―県廷と「官」の関係をめぐる一考察」『史林』第九五巻第一号、二〇一二
――「秦代の令史と曹」『東方学報』京都九〇冊、二〇一五
浜口重国「漢代に於ける地方官の任用と本籍地との関係」『歴史学研究』第一〇一号、一九四二
宮宅潔「秦漢時代の裁判制度―張家山漢簡《奏讞書》より見た」『史林』第八一巻第二号、一九九八
――『中国古代刑制史の研究』京都大学学術出版会、二〇一一
籾山明『中国古代訴訟制度の研究』京都大学学術出版会、二〇〇六〔前掲〕

第六章

柿沼陽平「岳麓書院蔵秦簡訳注―『爲獄等状四種』案例七識劫娺案」『帝京史学』三〇、二〇一五〔前掲〕
マルセル・グラネ「古代中国の結婚習俗」『中国に関する社会学的研究（九篇）付　中国封建制度』（谷口孝之訳）朋友書店、一九九九
佐々木満美「秦代・漢初における〈婚姻〉について」『ジェンダー研究』二〇、二〇一七
滋賀秀三『中国家族法の原理』創文社、一九六七
下倉渉「秦漢姦淫罪雑考」『東北学院大学論集　歴史学・地理学』三九、二〇〇五
――「ある女性の告発をめぐって―岳麓書院蔵秦簡「識劫娺案」に現れたる奴隷および「舍人」「里単」」『史林』第九一巻第一号、二〇一六〔前掲〕
――「父系化する社会」小浜正子等（編）『中国ジェンダー史研究入門』京都大学学術出版会、二〇一八
鈴木直美「『睡虎地秦簡』からみた戦国秦の収帑制」『中国古代家族史研究―秦律・漢律にみる家族形態と家族観』刀水書房、二〇一二
角谷常子「秦漢時代における家族の連坐について」冨谷至（編）『江陵張家山二四七号漢墓出土漢律令の研究　論考編』朋友書店、二〇〇六
西川素治「漢代の遺言状―江蘇儀徴胥浦一〇一号前漢墓出土「先令券書」について」『中国古代の法と社会　栗原益男先生古稀記念論集』汲古書院、一九八八
彭衛・楊振紅『秦漢風俗』上海文芸出版社、二〇一八

楊樹達『漢代婚葬礼俗考』上海古籍出版社、二〇〇〇

第七章

邵鴻『張家山漢簡《蓋廬》研究』文物出版社、二〇〇七
陶安あんど「岳麓秦簡司法文書集成『爲獄等状四種』譯注稿──事案三」『法史学研究会会報』第一九号、二〇一五〔前掲〕
専修大学『二年律令』研究会「『岳麓書院蔵秦簡（參）』訳注（三）」『専修史学』六三、二〇一七〔前掲〕
宮宅潔「秦の戦役史と遠征軍の構成──昭襄王期から秦王政まで」宮宅潔（編）『中国古代軍事制度の総合的研究』科研費報告書、二〇一三〔前掲〕
──「征服から占領統治へ──里耶秦簡に見える穀物支給と駐屯軍」宮宅潔（編）『多民族社会の軍事統治──出土史料が語る中国古代』京都大学学術出版会、二〇一八
──「秦代徭役・兵役制度の再検討」『東方学報』京都第九四冊、二〇一九
呂静・白晨「秦簡に見える私的書信の考察──漢簡私信との比較」（塩沢阿美・畑野吉則訳）藤田勝久・関尾史郎（編）『簡牘が描く中国古代の政治と社会』汲古書院、二〇一七

第八章

稲葉一郎「始皇帝の巡狩と刻石」『書論』第二五号、一九八九
佐原康夫「漢代の市」『漢代都市機構の研究』汲古書院、二〇〇二
鶴間和幸「秦帝国による道路網の統一と交通法」『秦帝国の形成と地域』汲古書院、二〇一三
堀敏一「漢代の七科讁身分とその起源」『中国古代の身分制──良と賎』汲古書院、一九八七
松井嘉徳「経巡る王」『記憶される西周史』朋友書店、二〇一九
籾山明『秦の始皇帝──多元世界の統一者』白帝社、一九九四
──「皇帝支配の原像」『秦漢出土文字史料の研究──形態・制度・社会』創文社、二〇一五
山田勝芳「中国古代の「家」と均分相続」『東北アジア研究』第二号、一九九八
吉本道雅「睡虎地秦簡年代考」『中国古代史論叢』九、

二〇一七〈前掲〉

第九章

大形徹『魂のありか――中国古代の霊魂観』角川書店、二〇〇〇
葛剣雄『西漢人口地理』人民出版社、一九八六
工藤元男『占いと中国古代の社会――発掘された古文献が語る』東方書店、二〇一一
高大倫『張家山漢簡《引書》研究』巴蜀書社、一九九五
鈴木直美「馬王堆三号墓出土簡にみる遣策作成過程と目的」籾山明・佐藤信（編）『文献と遺物の境界――中国出土簡牘史料の生態的研究』六一書房、二〇一一
――「鳳凰山前漢墓簡牘にみる遣策作成過程と葬礼準備」籾山明・佐藤信（編）『文献と遺物の境界――中国出土簡牘史料の生態的研究Ⅱ』東京外国語大学アジア・アフリカ言語文化研究所、二〇一四
林巳奈夫『漢代の神神』臨川書店、一九八九
宮宅潔「中國古代「罪」的概念――罪穢、淨化、分界」柳立言（編）『史料與法史學』中央研究院歷史語言研究所、二〇一六
藪内清『中国の科学』中央公論社、一九七九
山田慶児『中国医学の起源』岩波書店、一九九九
林富士「試釋睡虎地秦簡中的「癘」與「定殺」」『史原』第一五期、一九八六

おわりに

貝塚茂樹「不朽」『古代中国の精神』筑摩書房、一九六七
フュステル・ド・クーランジュ『古代都市』（田辺貞之助訳）白水社、一九九五
ホイジンガ『中世の秋』Ⅰ・Ⅱ（堀越孝一訳）中央公論社、二〇〇一

あとがき――文献紹介をかねて――

いまから三十年以上前のこと、大学の三回生になって東洋史学の専門課程に進んだ。そのとき受講した授業のなかに、永田英正先生による居延漢簡の概説があった。

「居延」というのは漢代の地名である。前漢の武帝が現在の甘粛省一帯を匈奴の勢力下から切り取って、そこに郡・県を設置したとき、ゴビ砂漠のただ中にあったオアシスの一つにも、「居延県」という県が置かれた。この地は、北方の遊牧民と対峙する最前線にあたり、多くの兵士たちがここに配備され、彼らやその他の居民を監督する役人たちも同時に送り込まれた。この時に作成され、保管・廃棄され、やがては砂に埋もれた木簡が、二〇世紀の初頭になって大量に発見された。かつて兵士たちの暮らしていた砦の跡や、役人が勤務していた官衙の遺跡から出土したこれらの簡牘こそが、「居延漢簡」である。

講義ではさまざまな文書や帳簿が取り上げられ、兵士が毎日何をしていたのか、役人にはどんな勤めがあったのか、そして彼らを怠けさせずに、効率的に管理するために、どのような工夫があったのか、などが事細かに紹介された。二〇〇〇年も昔のことが、ここまで詳しく分かるのかぁ、と、私は素直に感心した。まったく子供じみた感想だけれども、日本では弥生時代に当たる頃の話である。伝説や神話の向こうにぼんやりと浮かんでいるだけだった古代人の姿が、木簡のなかには生き生きと映し出されていて、彼らの泣き笑いすら伝わってくるような気がした。それから今にいたるまで、中国古代史を勉強し続けている動機の一つは、間違いなくこのときに感じた素朴な驚きにある。思えば「共同体論」も「アジア的停滞論」も知らないまま中国古代史の勉強を始めたわけで、お目出たいとしか言いようがない。けれども、抽象的な理論には頭がついてゆかない私にとって、おそるおそる踏み出した最初の一歩を、確かな踏みごたえのある土台の上に置くことができたのは、いまふりかえってみるに、幸運以外のなにものでもなかったように思う。

正直にいえば、「簡牘史料を用いて古代人の日常生活を描く」という本書のアイディアも、永田先生から頂戴した。院生時代のこと、先生と雑談していたとき、話題がふと

林巳奈夫『中国古代の生活史』吉川弘文館、一九九二

に及んだ。これは中国考古学の泰斗である林先生が、その該博な知識を傾けて、中国古代人の衣食住や産業・娯楽など、日常生活の全般を分かりやすく紹介された本である。先生はこの本を絶賛されるとともに、文献学の人間もこうした本が書けるはずだ、いや書かねばならない、というようなことをおっしゃられた。それからというもの、このやりとりはずっと私の頭にこびりついていて、今回、東方学叢書のなかの一冊を、というお話をいただいたとき、これをかねてからの宿題に答えるための、よい機会にしようと思い立った。

とはいえ、ようやく完成にこぎつけた私なりの「答案」が、生活史の諸相をきちんと描き尽くせているかというと、残念ながらそれには遠く及ばない。生活の基本である「衣食住」のうち、「住」につい

てはいささか言及できたものの、「衣」「食」はさっぱりである。この方面では、考古資料が持つ圧倒的な説得力には、やはり文献史料では太刀打ちできない。どうか先に挙げた林先生の本や、その土台となっている研究成果などを参照していただきたい。

林巳奈夫『漢代の文物』朋友書店、一九九六
林巳奈夫「漢代の飲食」『東方学報』京都第四八冊、一九七五

また、本書は地方官吏である「喜」を主人公にすえたので、農業や商業その他の産業には十分触れることができなかった。関連する書籍は多いが、とりあえず、

フランチェスカ・ブレイ『中国農業史』（古川久雄訳）京都大学学術出版会、二〇〇七
岡本隆司（編）『中国経済史』名古屋大学出版会、二〇一三
柿沼陽平『中国古代の貨幣　お金をめぐる人びとと暮らし』吉川弘文館、二〇一五

などが紹介できる。さらに信仰や祭祀、年中行事といった方面でも、読むべき本は少なくない。ここでは関連する文献史料の日本語訳だけを紹介しておく。

崔寔『四民月令　漢代の歳時と農事』（渡部武訳注）平凡社、一九八七
宗懍『荊楚歳時記』（守屋美都雄訳注）平凡社、一九七八

さらにいえば、本書の主人公は秦の人だったので、なるべく秦〜漢初の史料を用いるよう心がけた。これに対し、前漢後半期の簡牘史料、すなわち居延漢簡をはじめとした辺境地帯で出土した簡牘を主な素材として、そこからうかがえる防備兵や官吏たちの日常生活を紹介した書籍もある。

藤枝　晃『長城のまもり』『ユーラシア学会研究報告』二、一九五五

籾山　明『漢帝国と辺境社会　長城の風景』中公新書、一九九九

ちなみに第一章で紹介した、子を「挙げる」というのは赤子を自らの子として認知する儀礼なのだという話は、学生時代に籾山先生から教わった。

本書を支えているさまざまな知見の源泉ということでは、参考文献にも示した、

彭衛・楊振紅『秦漢風俗』上海文芸出版社、二〇一八

を挙げないわけにはいかない。基本的な中国語の知識があるのなら、中国古代の日常生活を知るためにまず手に取られるべきなのは、むしろこちらの本である。また本書で引用した法律条文の日本語訳は、その多くが人文研における共同研究の成果、

冨谷　至（編）『江陵張家山二四七號墓出土漢律令の研究』朋友書店、二〇〇六

「秦代出土文字史料の研究」班「岳麓書院所蔵簡《秦律令（壹）》訳注稿」（一）〜（三）、『東方学報』

京都九二・九三・九五冊、二〇一七〜一八・二〇二〇に拠っている。冨谷先生の主宰される敦煌漢簡の会読に参加して以来、出土文字史料を輪読する人文研の研究班からは、計り知れない学恩を受けてきた。現在では自分自身が世話役となり、「秦代出土文字史料の研究」班で岳麓簡の律令を読み進めている。本書は、私個人の研究成果というよりも、むしろこうした共同研究の成果によってその根底を支えられている。

出土史料、特に法制関係史料を読むというのが私の仕事の柱であり、しょせん私にはそれ以外の芸はない。「法律を読んでいる」というと、なんだか退屈な作業のように聞こえるかもしれないが、法律条文にはさまざまな話が出てきて、幸いに飽きることはない。賦税制度についての条文は、もちろん当時の産業・経済と深く結びついているし、相続制度に関わるややこしい条文の向こうには、土地所有制度や家族制度の諸問題が広がっている。「法律を読む」ことは、細かい条文の解釈や法律・制度の歴史的な変遷の追求だけでなく、法律の背後に、実際にはどのような社会が存在していたのか、目を凝らして見ていくことにも繋がっている。だからかつては、人に「法律の歴史を勉強しているのですね」と言われたとき、妙に格好をつけて「違います」とうそぶいたこともあった。つまらない意地だといわれればそれまでだけれども、ささやかながら本書で試みたような企図が、実のところ私がこれまで目指してきた目標でもあったことを、思い出話のついでにこっそり付け加えておきたい。

さて、「飽きることはない」などといいつつも、出土した簡牘には簡の断裂があったり読めない文字があったりして、時としてまったく意味が分からず、読み進めていくのが苦痛になることも少なくない。これまで続けてこられたのは、毎週人文研の会読に参加し、同じ史料を一緒に面白がって読んでくださる方々がいたおかげである。この機会を借りて、研究班で多くのことを教えてくださった先生方、そしていまも共に会読を続けている仲間たちに、心からの敬意と感謝の気持ちとを伝えたい。また、本書をまとめてゆく過程では、各章の概略を講義で紹介し、内容について受講生と議論を交わしたりもした。興味を持って参加し、積極的に意見を述べてくれた受講生のみなさんに、あわせてお礼をいいたい。そして、本書の最初の読者となり、刊行に到るまでさまざまにお骨折りくださった臨川書店の工藤健太さんにも、末筆ながら深く感謝申し上げる。

穏やかな日常生活の回復を祈りつつ

二〇二一年　五月

宮宅　潔

索　　引

さ行

た行

な行

は行

ま、や行

ら行

図版出所一覧

宮宅　潔（みやけ　きよし）
1969年岡山県生まれ。京都大学大学院文学研究科博士後期課程研究指導認定退学（東洋史学専攻）。京都大学博士（文学）。京都大学人文科学研究所教授。専攻は中国古代制度史。主な著作に、『中国古代刑制史の研究』（京都大学学術出版会、2011）、『多民族社会の軍事統治—出土史料が語る中国古代』（編著、京都大学学術出版会、2018）などがある。

京大人文研東方学叢書 9
ある地方官吏の生涯
木簡が語る中国古代人の日常生活

令和三年七月三十一日　初版発行
令和四年六月三十日　第二刷発行

著者　宮宅　潔
発行者　片岡　敦
印刷製本　尼崎印刷株式会社

606-8204 京都市左京区田中下柳町八番地
発行所　株式会社　臨川書店
電話（〇七五）七二一-七一一一
郵便振替　〇一〇七〇-二-八〇〇

落丁本・乱丁本はお取替えいたします
定価はカバーに表示してあります

ISBN 978-4-653-04379-9　C0322　© 宮宅　潔 2021
［ISBN 978-4-653-04370-6　セット］

京大人文研東方学叢書　刊行にあたって

第一期世話人　冨谷　至

京都大学人文科学研究所、通称「人文研」は、現在東方学研究部と人文学研究部の二部から成り立っている。前者の東方学研究部は、一九二九年、外務省のもとで中国文化研究の機関として発足した東方文化学院として始まり、東方文化研究所と改名した後、一九四九年に京都大学の附属研究所としての人文科学研究所東方部になり今日に至っている。

第二次世界大戦をはさんでの九十年間、北白川のスパニッシュロマネスクの建物を拠点として東方部は、たゆまず着実に東方学の研究をすすめてきた。いうところの東方学とは、中国学（シノロジー）、つまり前近代中国の思想、文学、歴史、芸術、考古などであり、人文研を中心としたこの学問は、「京都の中国学」、「京都学派」と呼ばれてきたのである。今日では、中国のみならず、西アジア、朝鮮、インドなども研究対象として、総勢三十人の研究者を擁し、東方学の共同利用・共同研究拠点としての役割を果たしている。

東方学研究部には、国の内外から多くの研究者が集まり共同研究と個人研究をすすめ、これまで数多くの研究成果を発表してきた。ＺＩＮＢＵＮの名は、世界のシノロジストの知るところであり、本場中国・台湾の研究者が東方部にきて研究をおこなうということは、まさに人文研東方部が世界のトップクラスに位置することを物語っているのだ、と我々は自負している。

夜郎自大という四字熟語がある。弱小の者が自己の客観的立場を知らず、尊大に威張っている意味だが、以上のべたことは、夜郎自大そのものではないかとの誹りを受けるかもしれない。そうではないことを証明するには、我々がどういった研究をおこない、その研究のレベルがいかほどのものかをひろく一般の方に知っていただき、納得してもらう必要がある。

別に曲学阿世という熟語もある。この語の真の意味は、いい加減な小手先の学問で、世に迎合するということで、その逆は、きちんとした学問を身につけて自己の考えを述べることであるが、人文研の所員は毫も曲学阿世の徒にあらずして、正学をもって対処してきたこと、正学がいかに説得力をもっているのかも、我々は世にうったえて行かねばならない。

かかる使命を果たすために、ここに「京大人文研東方学叢書」を刊行し、今日の京都学派の成果を一般に向けて公開することにしたい。

（平成二十八年十一月）